2021
中国新闻出版统计资料汇编

国家新闻出版署 编

中国书籍出版社
China Book Press

图书在版编目（CIP）数据

2021中国新闻出版统计资料汇编／国家新闻出版署编．—北京：中国书籍出版社，2021.12
 ISBN 978-7-5068-8754-0

Ⅰ.①2… Ⅱ.①国… Ⅲ.①出版社－出版物－统计资料－汇编－中国－2021 Ⅳ.①G239.21

中国版本图书馆CIP数据核字（2021）第210335号

2021中国新闻出版统计资料汇编
国家新闻出版署　编

责任编辑	李雯璐
责任印制	孙马飞　马　芝
封面设计	楠竹文化
出版发行	中国书籍出版社
地　　址	北京市丰台区三路居路97号（邮编：100073）
电　　话	（010）52257143（总编室）　　（010）52257140（发行部）
电子邮箱	eo@chinabp.com.cn
经　　销	全国新华书店
印　　刷	北京九州迅驰传媒文化有限公司
开　　本	787毫米×1092毫米　1/16
印　　张	12
字　　数	310千字
版　　次	2021年12月第1版　2021年12月第1次印刷
书　　号	ISBN 978-7-5068-8754-0
定　　价	139.00元

版权所有　翻印必究

目　录

二〇二〇年全国新闻出版业基本情况 …………………………………………（1）

一、图书出版

全国各类图书出版数量及与上年相比增减百分比 ………………………………（15）
中央出版单位各类图书出版数量及与上年相比增减百分比 ……………………（19）
地方出版单位各类图书出版数量及与上年相比增减百分比 ……………………（23）
全国出版图书用纸量 …………………………………………………………………（27）
全国出版图书用纸量与上年相比增减百分比 ………………………………………（27）
使用《中国标准书号》图书出版数量中各类图书所占百分比 …………………（28）
全国各地区图书出版总量 ……………………………………………………………（29）
全国各地区各类图书出版数量 ………………………………………………………（30）
全国各类少年儿童读物出版数量 ……………………………………………………（56）
全国各地区少年儿童读物出版数量 …………………………………………………（57）
全国课本出版数量 ……………………………………………………………………（58）
全国课本出版数量与上年相比增减百分比 …………………………………………（58）
课本出版数量（中央出版社）………………………………………………………（59）
课本出版数量与上年相比增减百分比（中央出版社）……………………………（59）
课本出版数量（地方出版社）………………………………………………………（60）
课本出版数量与上年相比增减百分比（地方出版社）……………………………（60）
全国各地区课本出版总量 ……………………………………………………………（61）
全国各地区各类课本出版数量 ………………………………………………………（62）
在地方图书出版数量中各省（自治区、直辖市）所占百分比 …………………（69）
全国图书出版数量（书籍、课本、图片）…………………………………………（70）
使用《中国标准书号》各类图书的平均印数、平均印张、平均定价
和平均印张定价 …………………………………………………………………（72）
各地区使用《中国标准书号》各类图书的平均印数、平均印张、平均定价
和平均印张定价 …………………………………………………………………（75）
各类课本的平均印数、平均印张、平均定价和平均印张定价 …………………（98）
全国少数民族文字图书出版数量与上年相比增减百分比 ………………………（99）
全国少数民族文字图书出版数量 …………………………………………………（100）

二、期刊出版

全国各地区各类期刊出版数量 ……………………………………………………（104）
全国各地区少儿期刊、画刊出版数量 ……………………………………………（108）

各类期刊占期刊出版总数的百分比 …………………………………………………（109）
　　主要刊期的期刊出版数量 ……………………………………………………………（110）
　　各类期刊的平均印张和平均定价 ……………………………………………………（111）
　　全国少数民族文字期刊分类出版数量 ………………………………………………（112）
　　全国少数民族文字期刊出版数量与上年相比增减百分比 …………………………（113）

三、报纸出版
　　全国各级报纸出版数量 ………………………………………………………………（117）
　　各级综合报纸出版数量 ………………………………………………………………（119）
　　各级专业报纸出版数量 ………………………………………………………………（121）
　　各级生活服务报纸出版数量 …………………………………………………………（123）
　　各级读者对象报纸出版数量 …………………………………………………………（125）
　　各级文摘报纸出版数量 ………………………………………………………………（127）
　　主要刊期的报纸出版数量 ……………………………………………………………（129）
　　全国少数民族文字报纸出版数量 ……………………………………………………（130）
　　全国少数民族文字报纸出版数量与上年相比增减百分比 …………………………（130）

四、音像、电子出版物出版
　　按载体形式分类全国各地区录音制品出版品种、数量及发行数量 ………………（133）
　　按内容分类全国录音制品出版品种、数量 …………………………………………（135）
　　按内容分类全国各地区录音制品出版品种、数量 …………………………………（136）
　　按载体形式分类全国各地区录像制品出版品种、数量及发行数量 ………………（144）
　　按内容分类全国录像制品出版品种、数量 …………………………………………（146）
　　按内容分类全国各地区录像制品出版品种、数量 …………………………………（147）
　　按载体形式分类全国各地区电子出版物出版品种、数量及发行数量 ……………（153）

五、出版物印刷
　　全国出版物印刷生产情况 ……………………………………………………………（157）
　　全国出版物印刷企业财务情况 ………………………………………………………（158）

六、出版物发行
　　全国新华书店系统、出版社自办发行单位出版物发行进、销、存情况 …………（161）
　　全国新华书店系统、出版社自办发行单位出版物纯销售情况 ……………………（162）
　　全国新华书店系统、出版社自办发行单位出版物销售分类情况 …………………（163）
　　全国出版物发行网点数量和人数 ……………………………………………………（164）

七、出版物进出口
　　全国图书、期刊、报纸进出口情况 …………………………………………………（167）
　　全国音像、电子出版物进出口情况 …………………………………………………（167）

八、版权管理及贸易

全国版权合同登记情况统计 …………………………………………………… (171)
全国作品自愿登记情况统计 …………………………………………………… (172)
引进出版物版权汇总表 ………………………………………………………… (173)
输出出版物版权汇总表 ………………………………………………………… (173)
全国版权执法情况 ……………………………………………………………… (174)

九、出版机构、人员

各地区图书、音像、出版物印刷、物资机构数及职工人数 ………………… (177)

二〇二〇年全国新闻出版业基本情况

2020年，全国共出版图书、期刊、报纸、音像制品和电子出版物417.51亿册（份、盒、张），较2019年降低7.36%。其中，出版图书103.74亿册（张），降低2.10%，占全部数量的24.85%；期刊20.35亿册，降低7.04%，占4.87%；报纸289.14亿份，降低8.96%，占69.25%；音像制品1.75亿盒（张），降低24.41%，占0.42%；电子出版物2.53亿张，降低13.64%，占0.61%。全国出版图书、期刊、报纸总印张为1690.00亿印张，与上年相比，降低8.94%。

图　书

截至2020年年底，全国共有出版社586家（包括副牌社24家），其中中央级出版社219家（包括副牌社13家），地方出版社367家（包括副牌社11家）。

一、图书出版总量

2020年，全国出版新版图书213636种，总印数23.22亿册（张），总印张244.33亿印张，定价总金额830.46亿元；与上年相比，品种降低4.95%，总印数降低7.04%，总印张降低5.63%，定价总金额降低1.28%。重印图书275415种，总印数60.19亿册（张），总印张525.28亿印张，定价总金额1194.57亿元；与上年相比，品种降低2.06%，总印数降低2.87%，总印张降低3.00%，定价总金额增长0.23%。租型图书总印数20.33亿册（张），总印张149.29亿印张，定价总金额160.30亿元；与上年相比，总印数增长6.78%，总印张增长8.49%，定价总金额增长9.81%。

其中：

1. 书籍新版194594种，重印209311种，合计403905种，总印数65.20亿册（张），总印张619.95亿印张，定价总金额1755.18亿元。与上年相比，新版品种降低4.92%，重印品种降低2.05%，品种合计降低3.46%，总印数降低4.07%，总印张降低2.90%，定价总金额增长0.22%。

2. 课本新版18875种，重印65934种，合计84809种，总印数37.91亿册（张），总印张293.22亿印张，定价总金额419.43亿元。与上年相比，新版品种降低5.10%，重印品种降低2.00%，品种合计降低2.71%，总印数增长1.03%，总印张降低0.28%，定价总金额增长0.50%。

3. 图片新版167种，重印170种，合计337种，总印数0.04亿册（张），总印张0.05亿印张，定价总金额0.32亿元。与上年相比，新版品种降低18.54%，重印品种降低29.46%，品种合计降低24.44%，总印数降低6.58%，总印张降低49.91%，定价总金额降低65.10%。

4. 附录总印数0.59亿册（张），总印张5.68亿印张，定价总金额10.41亿元。

二、各类图书出版情况

在使用中国标准书号的22类图书中：

1. 马列主义、毛泽东思想类新版388种，重印352种，总印数1907万册（张），总印张331321

千印张，定价总金额58115万元，占新版品种0.18%、重印品种0.13%、总印数0.18%、总印张0.36%、定价总金额0.27%。与上年相比，新版品种降低7.18%，重印品种增长3.53%，总印数增长21.70%，总印张增长21.16%，定价总金额增长17.93%。

2. 哲学类新版4609种，重印3984种，总印数7686万册（张），总印张970372千印张，定价总金额367298万元，占新版品种2.16%、重印品种1.45%、总印数0.74%、总印张1.06%、定价总金额1.68%。与上年相比，新版品种降低9.38%，重印品种降低9.86%，总印数降低15.60%，总印张降低16.54%，定价总金额降低12.43%。

3. 社会科学总论类新版2650种，重印2501种，总印数3896万册（张），总印张500853千印张，定价总金额170993万元，占新版品种1.24%、重印品种0.91%、总印数0.38%、总印张0.55%、定价总金额0.78%。与上年相比，新版品种降低2.32%，重印品种降低6.15%，总印数增长14.35%，总印张增长1.98%，定价总金额增长3.96%。

4. 政治、法律类新版11002种，重印5515种，总印数25020万册（张），总印张4082626千印张，定价总金额1067502万元，占新版品种5.15%、重印品种2.00%、总印数2.41%、总印张4.44%、定价总金额4.88%。与上年相比，新版品种降低9.66%，重印品种降低4.27%，总印数降低27.23%，总印张降低2.45%，定价总金额增长8.23%。

5. 军事类新版631种，重印553种，总印数977万册（张），总印张120315千印张，定价总金额39728万元，占新版品种0.30%、重印品种0.20%、总印数0.09%、总印张0.13%、定价总金额0.18%。与上年相比，新版品种降低9.73%，重印品种增长6.55%，总印数增长2.09%，总印张增长4.06%，定价总金额增长6.33%。

6. 经济类新版18009种，重印15078种，总印数13990万册（张），总印张2349162千印张，定价总金额807804万元，占新版品种8.43%、重印品种5.47%、总印数1.35%、总印张2.56%、定价总金额3.70%。与上年相比，新版品种降低5.16%，重印品种降低1.13%，总印数降低10.41%，总印张降低11.57%，定价总金额降低4.41%。

7. 文化、科学、教育、体育类新版67640种，重印134786种，总印数804063万册（张），总印张62522903千印张，定价总金额12014346万元，占新版品种31.66%、重印品种48.94%、总印数77.51%、总印张68.04%、定价总金额54.98%。与上年相比，新版品种降低0.92%，重印品种降低0.68%，总印数增长0.36%，总印张增长1.81%，定价总金额增长4.55%。

8. 语言、文字类新版6727种，重印11277种，总印数22621万册（张），总印张3018483千印张，定价总金额875157万元，占新版品种3.15%、重印品种4.09%、总印数2.18%、总印张3.28%、定价总金额4.00%。与上年相比，新版品种降低13.95%，重印品种降低15.87%，总印数降低19.59%，总印张降低21.91%，定价总金额降低14.44%。

9. 文学类新版28084种，重印22450种，总印数71230万册（张），总印张6888604千印张，定价总金额2303087万元，占新版品种13.15%、重印品种8.15%、总印数6.87%、总印张7.50%、定价总金额10.54%。与上年相比，新版品种降低9.51%，重印品种增长1.34%，总印数降低7.57%，总印张降低13.68%，定价总金额降低6.76%。

10. 艺术类新版13005种，重印9904种，总印数18395万册（张），总印张1776919千印张，定价总金额799886万元，占新版品种6.09%、重印品种3.60%、总印数1.77%、总印张1.93%、定价总金额3.66%。与上年相比，新版品种降低13.67%，重印品种降低13.69%，总印数降低10.56%，总印张降低3.49%，定价总金额降低8.63%。

11. 历史、地理类新版 11466 种，重印 6108 种，总印数 13390 万册（张），总印张 1875394 千印张，定价总金额 804907 万元，占新版品种 5.37%、重印品种 2.22%、总印数 1.29%、总印张 2.04%、定价总金额 3.68%。与上年相比，新版品种降低 6.96%，重印品种降低 7.30%，总印数降低 11.65%，总印张降低 11.77%，定价总金额降低 10.35%。

12. 自然科学总论类新版 452 种，重印 477 种，总印数 795 万册（张），总印张 101641 千印张，定价总金额 53716 万元，占新版品种 0.21%、重印品种 0.17%、总印数 0.08%、总印张 0.11%、定价总金额 0.25%。与上年相比，新版品种增长 5.85%，重印品种增长 9.91%，总印数降低 3.28%，总印张增长 3.39%，定价总金额增长 18.92%。

13. 数理科学、化学类新版 2693 种，重印 7422 种，总印数 5630 万册（张），总印张 765585 千印张，定价总金额 228793 万元，占新版品种 1.26%、重印品种 2.69%、总印数 0.54%、总印张 0.83%、定价总金额 1.05%。与上年相比，新版品种降低 5.94%，重印品种降低 5.08%，总印数降低 9.72%，总印张降低 9.13%，定价总金额增长 2.13%。

14. 天文学、地球科学类新版 1847 种，重印 1289 种，总印数 1538 万册（张），总印张 167533 千印张，定价总金额 90639 万元，占新版品种 0.86%、重印品种 0.47%、总印数 0.15%、总印张 0.18%、定价总金额 0.41%。与上年相比，新版品种降低 11.12%，重印品种降低 1.68%，总印数降低 18.45%，总印张降低 13.98%，定价总金额降低 9.84%。

15. 生物科学类新版 1722 种，重印 2030 种，总印数 2420 万册（张），总印张 268238 千印张，定价总金额 117404 万元，占新版品种 0.81%、重印品种 0.74%、总印数 0.23%、总印张 0.29%、定价总金额 0.54%。与上年相比，新版品种降低 1.94%，重印品种增长 4.86%，总印数降低 7.67%，总印张降低 10.11%，定价总金额降低 3.00%。

16. 医药、卫生类新版 11371 种，重印 10878 种，总印数 13770 万册（张），总印张 1918499 千印张，定价总金额 648590 万元，占新版品种 5.32%、重印品种 3.95%、总印数 1.33%、总印张 2.09%、定价总金额 2.97%。与上年相比，新版品种降低 4.88%，重印品种增长 0.42%，总印数增长 26.81%，总印张增长 3.01%，定价总金额增长 2.93%。

17. 农业科学类新版 2833 种，重印 2083 种，总印数 1534 万册（张），总印张 162353 千印张，定价总金额 69102 万元，占新版品种 1.33%、重印品种 0.76%、总印数 0.15%、总印张 0.18%、定价总金额 0.32%。与上年相比，新版品种降低 1.77%，重印品种降低 2.71%，总印数增长 2.75%，总印张降低 2.98%，定价总金额增长 3.21%。

18. 工业技术类新版 19896 种，重印 33012 种，总印数 16040 万册（张），总印张 2758131 千印张，定价总金额 897326 万元，占新版品种 9.31%、重印品种 11.99%、总印数 1.55%、总印张 3.00%、定价总金额 4.11%。与上年相比，新版品种降低 0.22%，重印品种增长 1.03%，总印数降低 4.48%，总印张降低 6.02%，定价总金额降低 1.22%。

19. 交通运输类新版 2741 种，重印 3313 种，总印数 1903 万册（张），总印张 267910 千印张，定价总金额 95227 万元，占新版品种 1.28%、重印品种 1.20%、总印数 0.18%、总印张 0.29%、定价总金额 0.44%。与上年相比，新版品种降低 3.82%，重印品种降低 3.94%，总印数降低 16.02%，总印张降低 14.17%，定价总金额降低 13.18%。

20. 航空、航天类新版 455 种，重印 407 种，总印数 264 万册（张），总印张 34127 千印张，定价总金额 15936 万元，占新版品种 0.21%、重印品种 0.15%、总印数 0.03%、总印张 0.04%、定价总金额 0.07%。与上年相比，新版品种增长 4.84%，重印品种增长 33.01%，总印数增长 8.64%，总印张增长 19.73%，定价总金额增长 10.91%。

21. 环境科学类新版 1590 种，重印 1017 种，总印数 1408 万册（张），总印张 126024 千印张，定价总金额 47418 万元，占新版品种 0.74%、重印品种 0.37%、总印数 0.14%、总印张 0.14%、定价总金额 0.22%。与上年相比，新版品种降低 1.24%，重印品种降低 2.87%，总印数降低 2.36%，总印张降低 5.79%，定价总金额降低 1.21%。

22. 综合性图书类新版 3658 种，重印 809 种，总印数 2560 万册（张），总印张 310059 千印张，定价总金额 173112 万元，占新版品种 1.71%、重印品种 0.29%、总印数 0.25%、总印张 0.34%、定价总金额 0.79%。与上年相比，新版品种增长 15.39%，重印品种增长 10.22%，总印数降低 15.48%，总印张增长 15.68%，定价总金额增长 9.18%。

三、各类课本出版情况

1. 大专及以上课本新版 15196 种，重印 46369 种，总印数 29062 万册（张），总印张 5194080 千印张，定价总金额 1259275 万元。与上年相比，新版品种降低 3.74%，重印品种降低 2.82%，总印数降低 6.20%，总印张降低 7.57%，定价总金额降低 3.54%。

2. 中专、技校课本新版 1111 种，重印 6073 种，总印数 7719 万册（张），总印张 1031861 千印张，定价总金额 217715 万元。与上年相比，新版品种降低 20.59%，重印品种增长 8.23%，总印数增长 11.55%，总印张增长 13.33%，定价总金额增长 16.67%。

3. 中学课本新版 746 种，重印 4665 种，总印数 168713 万册（张），总印张 13316226 千印张，定价总金额 1425337 万元。与上年相比，新版品种增长 8.43%，重印品种降低 1.35%，总印数降低 1.61%，总印张增长 0.18%，定价总金额增长 1.27%。

4. 小学课本新版 590 种，重印 4343 种，总印数 169527 万册（张），总印张 9109653 千印张，定价总金额 1105595 万元。与上年相比，新版品种降低 11.01%，重印品种增长 1.40%，总印数增长 5.36%，总印张增长 4.24%，定价总金额增长 4.79%。

5. 业余教育课本新版 600 种，重印 1304 种，总印数 1347 万册（张），总印张 253749 千印张，定价总金额 67307 万元。与上年相比，新版品种降低 4.76%，重印品种降低 9.70%，总印数降低 28.73%，总印张降低 30.22%，定价总金额降低 29.20%。

6. 扫盲课本重印 2 种，总印数 0.2 万册（张），总印张 6 千印张，定价总金额 3 万元。

7. 教学用书新版 632 种，重印 3178 种，总印数 2692 万册（张），总印张 416040 千印张，定价总金额 119103 万元。与上年相比，新版品种降低 12.47%，重印品种降低 9.10%，总印数降低 10.95%，总印张降低 13.13%，定价总金额降低 3.88%。

四、少年儿童读物出版情况

2020 年，全国共出版少年儿童读物新版 18565 种，重印 23952 种，总印数 90432 万册（张），总印张 5023408 千印张，定价总金额 2490180 万元。与上年相比，新版品种降低 10.94%，重印品种增长 4.74%，总印数降低 4.36%，总印张降低 11.94%，定价总金额增长 0.80%。

期 刊

一、期刊出版总量

2020 年全国共出版期刊 10192 种，平均期印数 11133 万册，每种平均期印数 1.12 万册，总印数

20.35亿册，总印张116.40亿印张，定价总金额211.92亿元。与上年相比，种数增长0.21%，平均期印数降低6.89%，每种平均期印数降低7.09%，总印数降低7.04%，总印张降低4.02%，定价总金额降低3.60%。

二、各类期刊出版情况

1. 哲学、社会科学类期刊2688种，平均期印数6423万册，总印数106315万册，总印张5535650千印张；占期刊总品种26.37%，总印数52.24%，总印张47.56%。与上年相比，种数增长0.19%，平均期印数降低3.05%，总印数降低4.63%，总印张降低3.75%。

2. 文化、教育类期刊1401种，平均期印数1867万册，总印数48551万册，总印张2241331千印张；占期刊总品种13.75%，总印数23.86%，总印张19.26%。与上年相比，种数增长0.21%，平均期印数降低13.41%，总印数降低6.03%，总印张降低9.15%。

3. 文学、艺术类期刊661种，平均期印数514万册，总印数10952万册，总印张593447千印张；占期刊总品种6.49%，总印数5.38%，总印张5.10%。与上年相比，种数降低1.05%，平均期印数降低16.57%，总印数降低20.16%，总印张降低20.21%。

4. 自然科学、技术类期刊5088种，平均期印数1732万册，总印数25354万册，总印张2567822千印张；占期刊总品种49.92%，总印数12.46%，总印张22.06%。与上年相比，种数增长0.51%，平均期印数降低8.45%，总印数降低8.66%，总印张增长6.91%。

5. 综合类期刊354种，平均期印数597万册，总印数12352万册，总印张701284千印张；占期刊总品种3.47%，总印数6.07%，总印张6.03%。与上年相比，种数降低1.67%，平均期印数降低10.65%，总印数降低13.72%，总印张降低8.06%。

2020年，全国共出版少年儿童期刊209种，平均期印数1089万册，总印数33466万册，总印张1020577千印张；占期刊总品种2.05%，总印数16.44%，总印张8.77%。与上年相比，种数增长1.46%，平均期印数降低20.61%，总印数降低11.80%，总印张降低12.74%。

2020年，全国共出版画刊（不含面向少年儿童的画刊）50种，平均期印数40万册，总印数563万册，总印张43325千印张；占期刊总品种0.49%，总印数0.28%，总印张0.37%。与上年相比，种数降低7.41%，平均期印数降低13.44%，总印数降低21.92%，总印张降低17.14%。

2020年，全国共出版动漫期刊31种，平均期印数42万册，总印数1287万册，总印张55577千印张；占期刊总品种0.30%，总印数0.63%，总印张0.48%。与上年相比，种数降低3.13%，平均期印数降低42.23%，总印数降低45.50%，总印张降低53.37%。

报　　纸

一、报纸出版总量

2020年，全国共出版报纸1810种，平均期印数15692.99万份，每种平均期印数8.67万份，总印数289.14亿份，总印张654.69亿印张，定价总金额366.43亿元。与上年相比，种数降低2.22%，平均期印数降低9.31%，总印数降低8.96%，总印张降低17.81%，定价总金额降低6.62%。

二、各级报纸出版情况

1. 全国性和省级报纸932种，平均期印数12324.96万份，总印数198.63亿份，总印张434.94

亿印张；占报纸总品种51.49%，总印数68.70%，总印张66.43%。与上年相比，种数降低2.92%，平均期印数降低9.37%，总印数降低9.11%，总印张降低18.57%。其中：

全国性报纸209种，平均期印数2793.33万份，总印数74.78亿份，总印张187.62亿印张；占报纸总品种11.55%，总印数25.86%，总印张28.66%。与上年相比，种数降低1.88%，平均期印数降低3.39%，总印数降低3.58%，总印张降低7.99%。

省级报纸723种，平均期印数9585.63万份，总印数123.84亿份，总印张247.32亿印张；占报纸总品种39.94%，总印数42.83%，总印张37.78%。与上年相比，种数降低3.21%，平均期印数降低10.94%，总印数降低12.15%，总印张降低25.11%。

2. 地、市级报纸859种，平均期印数3333.12万份，总印数89.51亿份，总印张217.96亿印张；占报纸总品种47.46%，总印数30.96%，总印张33.29%。与上年相比，种数降低1.49%，平均期印数降低9.19%，总印数降低8.71%，总印张降低16.33%。

3. 县级报纸19种，平均期印数34.91万份，总印数1.00亿份，总印张1.79亿印张；占报纸总品种1.05%，总印数0.35%，总印张0.27%。与上年相比，种数持平，平均期印数增长1.89%，总印数增长0.44%，总印张降低4.56%。

三、各类报纸出版情况

1. 综合类报纸844种，平均期印数5444.44万份，总印数177.63亿份，总印张485.45亿印张；占报纸总品种46.63%，总印数61.43%，总印张74.15%。与上年相比，种数降低1.52%，平均期印数降低8.26%，总印数降低8.89%，总印张降低18.63%。

2. 专业类报纸651种，平均期印数8503.54万份，总印数91.23亿份，总印张136.72亿印张；占报纸总品种35.97%，总印数31.55%，总印张20.88%。与上年相比，种数降低2.40%，平均期印数降低8.57%，总印数降低7.54%，总印张降低13.25%。

3. 生活服务类报纸194种，平均期印数505.21万份，总印数4.07亿份，总印张11.11亿印张；占报纸总品种10.72%，总印数1.41%，总印张1.70%。与上年相比，种数降低4.43%，平均期印数降低24.27%，总印数降低31.15%，总印张降低37.27%。

4. 读者对象类报纸99种，平均期印数1066.16万份，总印数13.88亿份，总印张18.57亿印张；占报纸总品种5.47%，总印数4.80%，总印张2.84%。与上年相比，种数降低2.94%，平均期印数降低10.37%，总印数降低8.72%，总印张降低11.36%。

5. 文摘类报纸22种，平均期印数173.64万份，总印数2.33亿份，总印张2.84亿印张；占报纸总品种1.22%，总印数0.80%，总印张0.43%。与上年相比，种数持平，平均期印数降低18.00%，总印数降低18.17%，总印张降低22.77%。

音像制品与电子出版物

截至2020年年底，全国共有音像制品出版单位381家，电子出版物出版单位316家。

一、录音制品出版情况

2020年，全国共出版录音制品5312种，12194.67万盒（张）。与上年相比，品种降低19.16%，出版数量降低27.98%。

各类录音制品的出版数量及其增减百分比如下：

1. 录音带（AT）新出 137 种、285.30 万盒，再版 565 种、2344.25 万盒，合计 702 种，2629.55 万盒。与上年相比，品种降低 27.25%，数量降低 49.73%。少年儿童类无。

2. 激光唱盘（CD）新出 1655 种、1460.48 万张，再版 2365 种、7980.09 万张，合计 4020 种，9440.57 万张，与上年相比，品种降低 20.24%，数量降低 18.19%。少年儿童类 89 种，数量 107.21 万张。

3. 高密度激光唱盘（DVD-A）及其他载体新出 465 种、70.72 万张，再版 125 种、53.83 万张，合计 590 种，124.55 万张，与上年相比，品种增长 4.24%，数量降低 23.08%。少年儿童类 30 种，数量 1.02 万张。

二、录像制品出版情况

2020 年，全国共出版录像制品 3299 种、5320.34 万盒（张）。与上年相比，品种降低 20.33%，出版数量降低 14.73%。

各类录像制品的出版数量及其增减百分比如下：

1. 录像带（VT）及其他载体新出 353 种、23.16 万盒，再版 25 种、2.55 万盒，合计 378 种，25.71 万盒。与上年相比，品种增长 33.10%，数量降低 25.77%。少年儿童类 17 种，数量 0.37 万盒。

2. 数码激光视盘（VCD）新出 28 种、80.31 万张，再版 214 种、590.44 万张，合计 242 种、670.75 万张。与上年相比，品种降低 41.83%，数量降低 28.13%。少年儿童类 1 种，数量 0.06 万张。

3. 高密度激光视盘（DVD-V）新出 1878 种、1377.71 万张，再版 801 种、3246.16 万张，合计 2679 种、4623.87 万张。与上年相比，品种降低 22.14%，数量降低 12.29%。少年儿童类 168 种，数量 1033.50 万张。

三、电子出版物出版情况

2020 年，全国共出版电子出版物 7825 种，25270.74 万张，与上年相比，品种降低 13.73%，出版数量降低 13.64%。

1. 只读光盘（CD-ROM）新出 2306 种、4054.89 万张，再版 2895 种、18052.83 万张，合计 5201 种，22107.72 万张。与上年相比，品种降低 12.00%，数量降低 5.28%。

2. 高密度只读光盘（DVD-ROM）新出 726 种、1407.60 万张，再版 1236 种、1466.10 万张，合计 1962 种，2873.70 万张。与上年相比，品种降低 23.21%，数量降低 48.85%。

3. 交互式光盘（CD-I）及其他载体新出 580 种、96.63 万张，再版 82 种、192.69 万张，合计 662 种，289.32 万张。与上年相比，品种增长 9.42%，数量降低 4.44%。

印 刷 复 制

一、印刷复制总体情况

2020 年，印刷复制（包括出版物印刷、包装装潢印刷、其他印刷品印刷、专项印刷、印刷物资供销和复制）实现营业收入 11991.02 亿元，与上年相比，降低 13.13%；利润总额 555.02 亿元，降低28.30%。出版物印刷（含专项印刷）营业收入1557.43亿元，降低9.20%；利润总额80.51亿元，降低21.86%。包装装潢印刷营业收入9503.31亿元，降低12.49%；利润总额441.90亿元，降低26.32%。其他印刷品营业收入782.76亿元，降低25.40%；利润总额43.40亿元，降低38.56%。

二、单位数量与从业人员情况（含专项印刷）

2020年，全国出版物印刷企业（含专项印刷）共有9271家，与上年相比增长2.85%；职工年末平均人数37.28万人，降低8.77%。

三、出版物印刷企业产量与用纸量（含专项印刷）

1. 图书、报纸、期刊及其他印刷品黑白印刷产量20959.62万令，彩色印刷产量110036.59万对开色令。与上年相比，黑白印刷产量降低15.85%，彩色印刷产量降低7.98%。

2. 装订产量29639.70万令，与上年相比降低14.68%。

3. 印刷用纸量（包含平版纸和卷筒纸）43237.61万令，与上年相比降低16.55%。

出版物发行

一、发行网点与从业人员情况

2020年，全国共有出版物发行网点183540处，与上年相比增长1.34%。其中新华书店及其发行网点10610处，增长4.66%；出版社自办发行网点400处，增长2.04%；邮政系统发行网点35859处；其他批发网点15575处，集个体零售网点121087处。

2020年，全国新华书店系统与出版社自办发行网点从业人员12.01万人，与上年相比降低2.62%。

二、出版物购进情况

2020年，全国新华书店系统、出版社自办发行单位出版物总购进230.64亿册（张、份、盒）、3704.75亿元，与上年相比，数量降低2.27%，金额增长1.17%。其中：新华书店系统购进151.58亿册（张、份、盒）、1873.19亿元，与上年相比，数量降低2.24%，金额增长1.45%。

三、出版物销售情况

（一）总销售情况

2020年，全国新华书店系统、出版社自办发行单位出版物总销售229.90亿册（张、份、盒）、3658.91亿元。与上年相比，数量降低1.39%，金额增长2.62%。其中：新华书店系统销售150.39亿册（张、份、盒）、1842.85亿元；与上年相比，数量降低1.24%，金额增长2.53%。

其中：

1. 居民和社会团体零售总额1119.52亿元，与上年相比增长6.63%。其中：城市零售977.95亿元，农村零售141.58亿元。城乡零售比为6.91：1。

2. 出版物批发销售总额2537.05亿元，与上年相比增长0.94%，批零比为2.27：1。其中：批发给市（县）批发机构、出版物零售发行企业2533.26亿元，增长1.10%；批发给县以下单位或个人 3.79 亿元，降低 51.05%。

3. 出口总额 2.34 亿元，与上年相比增长 5.14%。

（二）纯销售情况

2020 年，全国新华书店系统、出版社自办发行单位出版物纯销售 83.63 亿册（张、份、盒）、1125.66 亿元；与上年相比，数量增长 0.71%，金额增长 6.20%。

（三）各类出版物零售情况

2020 年，全国新华书店系统、出版社自办发行单位各类出版物的零售数量、金额及其所占零售总量比重如下：

1. 图书 81.94 亿册、1075.08 亿元，占零售数量 98.28%、零售金额 96.03%。其中：

（1）哲学、社会科学类图书 2.50 亿册、80.87 亿元，占零售数量 3.00%、零售金额 7.22%。

（2）文化、教育类图书 75.37 亿册、871.56 亿元，占零售数量 90.40%、零售金额 77.85%。其中：中小学课本及教学用书 35.05 亿册、303.08 亿元，占零售数量 42.04%、零售金额 27.07%；教辅读物 35.45 亿册、442.12 亿元，占零售数量 42.52%、零售金额 39.49%。

（3）文学、艺术类图书 2.33 亿册、70.32 亿元，占零售数量 2.79%、零售金额 6.28%。

（4）自然科学、技术类图书 1.30 亿册、41.93 亿元，占零售数量 1.56%、零售金额 3.75%。

（5）综合类图书 0.44 亿册、10.39 亿元，占零售数量 0.53%、零售金额 0.93%。

此外，少年儿童读物 1.98 亿册、52.30 亿元，占零售数量 2.38%、零售金额 4.67%；大中专教材、业余教育课本及教学用书 1.24 亿册、30.72 亿元，占零售数量 1.48%、零售金额 2.74%。

2. 期刊 0.60 亿册、15.36 亿元，占零售数量 0.72%、零售金额 1.37%。

3. 报纸 0.06 亿份、0.95 亿元，占零售数量 0.07%、零售金额 0.09%。

4. 音像制品 0.73 亿盒（张）、6.68 亿元，占零售数量 0.88%、零售金额 0.60%。

5. 电子出版物 0.04 亿张、0.70 亿元，占零售数量 0.05%、零售金额 0.06%。

6. 数字出版物（电子书等，不包含电子阅读器等硬件）20.75 亿元，占零售金额 1.85%。

四、出版物库存情况

全国新华书店系统、出版社自办发行单位年末库存 68.10 亿册（张、份、盒）、1518.59 亿元；与上年相比，数量降低 5.03%，金额增长 2.81%。

五、非出版物商品销售

非出版物商品销售金额 182.49 亿元（不含在销售总额之内）。

出版物进出口

一、图书、报纸、期刊出口

2020 年，全国累计出口图书、报纸、期刊 1146.42 万册（份）、4719.50 万美元。与上年相比，数量降低 30.66%，金额降低 36.93%。其中：全国出版物进出口经营单位累计出口 928.63 万册（份）、3262.80 万美元；与上年相比，数量降低 36.95%，金额降低 46.33%。全国出版物进出口经营单位累计出口构成如下：

1. 图书出口 665.64 万册、2803.55 万美元。与上年相比，数量降低 41.32%，金额降低

49.22%。

  2. 期刊出口 248.60 万册、437.80 万美元。与上年相比，数量降低 15.69%，金额降低 15.21%。

  3. 报纸出口 14.39 万份、21.45 万美元。与上年相比，数量降低 67.00%，金额降低 48.93%。

全国出版物进出口经营单位各类图书出口的数量、金额及其所占全国出版物进出口经营单位图书出口总量的比重如下：

  1. 哲学、社会科学类 109.39 万册、620.38 万美元，占数量 16.44%、金额 22.13%。
  2. 文化、教育类 230.62 万册、513.06 万美元，占数量 34.65%、金额 18.30%。
  3. 文学、艺术类 76.18 万册、589.72 万美元，占数量 11.44%、金额 21.03%。
  4. 自然、科学技术类 28.15 万册、207.13 万美元，占数量 4.23%、金额 7.39%。
  5. 少儿读物类 108.99 万册、112.36 万美元，占数量 16.37%、金额 4.01%。
  6. 综合类 112.31 万册、760.90 万美元，占数量 16.87%、金额 27.14%。

二、图书、报纸、期刊进口

2020 年，全国出版物进出口经营单位累计进口图书、报纸、期刊 3974.18 万册（份）、36216.29 万美元。与上年相比，数量降低 5.52%，金额降低 6.08%。其中：

  1. 图书进口 3223.69 万册、23137.80 万美元。与上年相比，数量增长 2.69%，金额降低 4.18%。

  2. 期刊进口 238.57 万册、12245.32 万美元。与上年相比，数量降低 19.22%，金额降低 8.38%。

  3. 报纸进口 511.92 万份、833.17 万美元。与上年相比，数量降低 33.69%，金额降低 20.44%。

各类图书进口的数量、金额及其所占图书进口总量的比重如下：

  1. 哲学、社会科学类 146.28 万册、2463.34 万美元，占数量 4.54%、金额 10.65%。
  2. 文化、教育类 731.84 万册、5134.48 万美元，占数量 22.70%、金额 22.19%。
  3. 文学、艺术类 581.91 万册、4491.70 万美元，占数量 18.05%、金额 19.41%。
  4. 自然、科学技术类 149.12 万册、3317.21 万美元，占数量 4.63%、金额 14.34%。
  5. 少儿读物类 1000.68 万册、3315.51 万美元，占数量 31.04%、金额 14.33%。
  6. 综合类 613.86 万册、4415.56 万美元，占数量 19.04%、金额 19.08%。

三、音像制品、电子出版物与数字出版物出口

2020 年，全国累计出口音像制品、电子出版物与数字出版物 3.43 万盒（张）、3577.46 万美元。与上年相比，数量降低 56.97%，金额增长 8.97%。其中：全国出版物进出口经营单位累计出口 0.67 万盒（张）、171.74 万美元；与上年相比，数量降低 40.14%，金额降低 16.59%。

全国出版物进出口经营单位累计出口构成如下：

  1. 高密度激光视盘（DVD-V）6619 张、14.10 万美元，占数量 99.38%、金额 8.21%。
  2. 数码激光视盘（VCD）33 张、0.02 万美元，占数量 0.50%、金额 0.01%。
  3. 电子出版物 8 张、16.24 万美元，占数量 0.12%、金额 9.46%。
  4. 数字出版物 141.38 万美元，占出口金额 82.32%。

四、音像制品、电子出版物与数字出版物进口

2020 年，全国出版物进出口经营单位累计进口音像制品、电子出版物与数字出版物 20.07 万盒

（张）、43293.73 万美元。与上年相比，数量增长 76.35%，金额增长 5.30%。其中：

1. 激光唱盘（CD）196817 张、214.95 万美元，占数量 98.07%、金额 0.50%。与上年相比，数量增长 81.03%，金额增长 126.12%。

2. 高密度激光视盘（DVD-V）3873 张、7.00 万美元，占数量 1.93%、金额 0.02%。与上年相比，数量降低 23.80%，金额降低 23.16%。

3. 数字出版物 43071.78 万美元，占进口金额 99.49%。与上年相比，增长 5.02%。

版权管理与版权贸易

一、版权管理

（一）受理、查处案件

2020 年，全国各级版权行政管理机关共检查经营单位 243267 家，取缔违法经营单位 1178 家，查获地下窝点 169 个，行政处罚 2198 起，移送司法机关案件 251 件。

（二）收缴盗版品

2020 年，全国各地方版权行政管理机关共收缴各类盗版品 582.33 万件，其中查缴的盗版书刊 448.56 万册，盗版音像制品 51.42 万盒（张），盗版电子出版物 12.72 万张，盗版软件 16.89 万张，其他各类盗版品 52.74 万件。

（三）版权合同登记

2020 年，全国版权合同登记 17811 份，其中图书 15300 份，期刊 36 份，音像制品 1001 份，电子出版物 169 份，软件 965 份，电视节目 1 份，其他 339 份。

（四）作品自愿登记

2020 年，全国作品自愿登记 3362591 份[①]，其中文字作品 219440 份，口述作品 2014 份，音乐作品 16478 份，曲艺 374 份，舞蹈 185 份，杂技 45 份，美术作品 1318146 份，摄影作品 1526428 份，建筑 381 份，影视 197659 份，设计图 10435 份，地图 2668 份，模型 359 份，其他 67979 份。

二、版权贸易

（一）版权引进

2020 年，全国共引进图书、音像制品和电子出版物版权 14185 项[②]，其中图书 13919 项，录音制品 79 项，录像制品 154 项，电子出版物 33 项。

图书版权引进地情况如下：

美国 3588 项，英国 3254 项，德国 923 项，法国 847 项，俄罗斯 115 项，加拿大 111 项，新加坡 277 项，日本 2039 项，韩国 446 项，中国香港 230 项，中国澳门 8 项，中国台湾 495 项，其他地区 1586 项。

（二）版权输出

2020 年，全国共输出图书、音像制品和电子出版物版权 13895 项[③]。其中图书 12915 项，录音制品 230 项，录像制品 14 项，电子出版物 736 项。

---

① 包括通过中国版权保护中心数字版权登记业务信息管理平台登记的数字作品 46400 份。
② 2020 年，全国共引进版权 14387 项。
③ 2020 年，全国共输出版权 14808 项。

图书版权输出地情况如下：

美国 711 项，英国 492 项，德国 351 项，法国 120 项，俄罗斯 882 项，加拿大 191 项，新加坡 809 项，日本 387 项，韩国 539 项，中国香港 504 项，中国澳门 80 项，中国台湾 990 项，其他地区 6859 项。

（说明：数据未涵盖中国香港、中国澳门、中国台湾地区。）

一、图书出版

全国各类图书出版数量及与上年相比增减百分比

（一）种　数

	本版图书种数（种）			与上年相比增减（％）			租型图书种数（种）	与上年相比增减（％）
	合计	新版	重印	合计	新版	重印		
图书总计	489051	213636	275415	-3.35	-4.95	-2.06	11460	3.46
（一）使用《中国标准书号》部分合计	488714	213469	275245	-3.33	-4.94	-2.04	11460	3.46
A 马克思主义、列宁主义、毛泽东思想	740	388	352	-2.37	-7.18	3.53		-100.00
B 哲学	8593	4609	3984	-9.60	-9.38	-9.86		
C 社会科学总论	5151	2650	2501	-4.22	-2.32	-6.15	3	
D 政治、法律	16517	11002	5515	-7.93	-9.66	-4.27	20	-47.37
E 军事	1184	631	553	-2.79	-9.73	6.55		
F 经济	33087	18009	15078	-3.36	-5.16	-1.13		
G 文化、科学、教育、体育	202426	67640	134786	-0.76	-0.92	-0.68	11424	3.55
H 语言、文字	18004	6727	11277	-15.16	-13.95	-15.87		
I 文学	50534	28084	22450	-5.00	-9.51	1.34		-100.00
J 艺术	22909	13005	9904	-13.68	-13.67	-13.69		-100.00
K 历史、地理	17574	11466	6108	-7.08	-6.96	-7.30	1	-50.00
N 自然科学总论	929	452	477	7.90	5.85	9.91		
O 数理科学、化学	10115	2693	7422	-5.31	-5.94	-5.08		
P 天文学、地球科学	3136	1847	1289	-7.47	-11.12	-1.68		
Q 生物科学	3752	1722	2030	1.63	-1.94	4.86		
R 医药、卫生	22249	11371	10878	-2.37	-4.88	0.42	12	1100.00
S 农业科学	4916	2833	2083	-2.17	-1.77	-2.71		
T 工业技术	52908	19896	33012	0.56	-0.22	1.03		
U 交通运输	6054	2741	3313	-3.89	-3.82	-3.94		
V 航空、航天	862	455	407	16.49	4.84	33.01		
X 环境科学	2607	1590	1017	-1.88	-1.24	-2.87		
Z 综合性图书	4467	3658	809	14.42	15.39	10.22		
（二）不使用《中国标准书号》部分合计	337	167	170	-24.44	-18.54	-29.46		
1. 图片	337	167	170	-24.44	-18.54	-29.46		
2. 国标(GB)、部标(BB)等标准类文件印品								
3. 活页文选、活页歌篇、小件印品等								

全国各类图书出版数量及与上年相比增减百分比（续表1）

（二）总印数

	本年图书总印数（万册、张）				与上年相比增减（％）	
	合计	新版	重印	租型	合计	租型
图书总计	1037305	232150	601885	203270	－2.12	6.78
（一）使用《中国标准书号》部分合计	1031037	230998	596769	203270	－2.26	6.78
A 马克思主义、列宁主义、毛泽东思想	1907	111	1796		21.70	－100.00
B 哲学	7686	3511	4175		－15.60	
C 社会科学总论	3896	1732	2153	11	14.35	
D 政治、法律	25020	18305	6643	72	－27.23	－80.95
E 军事	977	470	507		2.09	
F 经济	13990	7146	6844		－10.41	
G 文化、科学、教育、体育	804063	128838	472925	202300	0.36	6.53
H 语言、文字	22621	7465	15156		－19.59	
I 文学	71230	28403	42827		－7.57	－100.00
J 艺术	18395	7438	10957		－10.56	－100.00
K 历史、地理	13390	6580	6798	12	－11.65	－85.19
N 自然科学总论	795	387	408		－3.28	
O 数理科学、化学	5630	1725	3905		－9.72	
P 天文学、地球科学	1538	828	710		－18.45	
Q 生物科学	2420	1172	1248		－7.67	
R 医药、卫生	13770	6782	6113	875	26.81	
S 农业科学	1534	718	816		2.75	
T 工业技术	16040	6209	9831		－4.48	
U 交通运输	1903	778	1125		－16.02	
V 航空、航天	264	116	148		8.64	
X 环境科学	1408	900	508		－2.36	
Z 综合性图书	2560	1384	1176		－15.48	
（二）不使用《中国标准书号》部分合计	6268	1152	5116		27.97	
1. 图片	355	273	82		－6.58	
2. 国标(GB)、部标(BB)等标准类文件印品	1059	562	497		－7.11	
3. 活页文选、活页歌篇、小件印品等	4854	317	4537		43.69	

全国各类图书出版数量及与上年相比增减百分比（续表2）

（三）总印张

	本年图书总印张（千印张）				与上年相比增减（%）	
	合计	新版	重印	租型	合计	租型
图书总计	91890533	24433345	52528037	14929151	-2.04	8.49
（一）使用《中国标准书号》部分合计	91317052	24387870	52000031	14929151	-2.07	8.49
A 马克思主义、列宁主义、毛泽东思想	331321	19078	312243		21.16	-100.00
B 哲学	970372	431606	538766		-16.54	
C 社会科学总论	500853	192832	307363	658	1.98	
D 政治、法律	4082626	3320007	760368	2251	-2.45	-84.34
E 军事	120315	51558	68757		4.06	
F 经济	2349162	1215720	1133442		-11.57	
G 文化、科学、教育、体育	62522903	11148057	36466658	14908188	1.81	8.47
H 语言、文字	3018483	818356	2200127		-21.91	
I 文学	6888604	2744736	4143868		-13.68	-100.00
J 艺术	1776919	753203	1023716		-3.49	-100.00
K 历史、地理	1875394	962389	912868	137	-11.77	-85.39
N 自然科学总论	101641	33742	67899		3.39	
O 数理科学、化学	765585	211430	554155		-9.13	
P 天文学、地球科学	167533	88599	78934		-13.98	
Q 生物科学	268238	108799	159439		-10.11	
R 医药、卫生	1918499	776075	1124507	17917	3.01	68811.54
S 农业科学	162353	73997	88356		-2.98	
T 工业技术	2758131	1036752	1721379		-6.02	
U 交通运输	267910	114143	153767		-14.17	
V 航空、航天	34127	15443	18684		19.73	
X 环境科学	126024	75252	50772		-5.79	
Z 综合性图书	310059	196096	113963		15.68	
（二）不使用《中国标准书号》部分合计	573481	45475	528006		3.94	
1. 图片	5360	3455	1905		-49.91	
2. 国标(GB)、部标(BB)等标准类文件印品	55562	27131	28431		-8.51	
3. 活页文选、活页歌篇、小件印品等	512559	14889	497670		6.71	

全国各类图书出版数量及与上年相比增减百分比（续表3）

（四）图书总定价

	图书总定价（万元）				
	合计	增减%	新版	重印	租型
图书总计	21853343	0.29	8304639	11945676	1603028
（一）使用《中国标准书号》部分合计	21746086	0.28	8272559	11870499	1603028
A 马克思主义、列宁主义、毛泽东思想	58115	17.93	6778	51337	
B 哲学	367298	-12.43	187818	179480	
C 社会科学总论	170993	3.96	77375	93322	296
D 政治、法律	1067502	8.23	873741	193193	568
E 军事	39728	6.33	20287	19441	
F 经济	807804	-4.41	479353	328451	
G 文化、科学、教育、体育	12014346	4.55	3089156	7330074	1595116
H 语言、文字	875157	-14.44	282202	592955	
I 文学	2303087	-6.76	1065355	1237732	
J 艺术	799886	-8.63	456589	343297	
K 历史、地理	804907	-10.35	508100	296759	48
N 自然科学总论	53716	18.92	19977	33739	
O 数理科学、化学	228793	2.13	82124	146669	
P 天文学、地球科学	90639	-9.84	57345	33294	
Q 生物科学	117404	-3.00	61905	55499	
R 医药、卫生	648590	2.93	322601	318989	7000
S 农业科学	69102	3.21	41957	27145	
T 工业技术	897326	-1.22	428091	469235	
U 交通运输	95227	-13.18	48777	46450	
V 航空、航天	15936	10.91	8819	7117	
X 环境科学	47418	-1.21	31163	16255	
Z 综合性图书	173112	9.18	123046	50066	
（二）不使用《中国标准书号》部分合计	107257	3.79	32080	75177	
1. 图片	3196	-65.10	2193	1003	
2. 国标(GB)、部标(BB)等标准类文件印品	39094	-5.22	22231	16863	
3. 活页文选、活页歌篇、小件印品等	64967	22.72	7656	57311	

中央出版单位各类图书出版数量及与上年相比增减百分比

（一）种　数

	本版图书种数（种）			与上年相比增减%			租型图书种数（种）	与上年相比增减%
	合计	新版	重印	合计	新版	重印		
图书总计	**199060**	**86160**	**112900**	**−2.73**	**−3.89**	**−1.82**	**11**	**−50.00**
（一）使用《中国标准书号》部分合计	198852	86036	112816	−2.74	−3.97	−1.79	11	−50.00
A 马克思主义、列宁主义、毛泽东思想	442	217	225	1.14	6.37	−3.43		
B 哲学	4913	2544	2369	−3.12	−1.09	−5.20		
C 社会科学总论	3159	1438	1721	−4.91	−5.77	−4.18		
D 政治、法律	12176	8005	4171	−8.11	−9.17	−6.02		
E 军事	701	395	306	−4.50	−11.63	6.62		
F 经济	23314	11923	11391	−2.07	−5.03	1.24		
G 文化、科学、教育、体育	37392	13293	24099	2.60	3.57	2.08	11	−47.62
H 语言、文字	9655	3118	6537	−16.42	−10.66	−18.92		
I 文学	14571	8228	6343	−0.95	−6.36	7.07		
J 艺术	7603	3789	3814	−11.79	−11.33	−12.24		
K 历史、地理	7727	4542	3185	−8.64	−8.13	−9.36		
N 自然科学总论	482	225	257	7.83	18.42			
O 数理科学、化学	7036	1615	5421	−4.65	1.70	−6.39		
P 天文学、地球科学	1821	1079	742	−8.49	−10.60	−5.24		
Q 生物科学	2133	783	1350	1.72	−2.61	4.41		
R 医药、卫生	13443	5548	7895	−5.66	−8.28	−3.72		
S 农业科学	3318	1742	1576	−1.51	0.69	−3.84		
T 工业技术	40991	13486	27505	1.52	1.13	1.71		
U 交通运输	4259	1725	2534	−6.19	−8.00	−4.92		
V 航空、航天	609	311	298	18.95	0.65	46.80		
X 环境科学	1767	967	800	−3.76	−6.30	−0.50		
Z 综合性图书	1340	1063	277	6.10	3.71	16.39		
（二）不使用《中国标准书号》部分合计	208	124	84	14.92	103.28	−30.00		
1. 图片	208	124	84	14.92	103.28	−30.00		
2. 国标(GB)、部标(BB)等标准类文件印品								
3. 活页文选、活页歌篇、小件印品等								

中央出版单位各类图书出版数量及与上年相比增减百分比（续表1）

（二）总印数

	本年图书总印数（万册、张）				与上年相比增减%	
	合计	新版	重印	租型	合计	租型
图书总计	276228	82044	194150	34	-4.51	-79.27
（一）使用《中国标准书号》部分合计	270103	80992	189077	34	-5.07	-79.27
A 马克思主义、列宁主义、毛泽东思想	1807	70	1737		25.75	
B 哲学	4677	2079	2598		-11.60	
C 社会科学总论	2615	1141	1474		28.31	
D 政治、法律	22155	16933	5222		-24.93	-100.00
E 军事	523	318	205		7.39	
F 经济	10403	5141	5262		-6.38	
G 文化、科学、教育、体育	151620	25390	126196	34	0.17	-79.14
H 语言、文字	13596	4351	9245		-27.57	
I 文学	21397	8694	12703		6.48	
J 艺术	5011	2461	2550		-19.13	
K 历史、地理	7445	3444	4001		-7.66	
N 自然科学总论	413	223	190		49.64	
O 数理科学、化学	3408	987	2421		-10.95	
P 天文学、地球科学	651	377	274		-20.42	
Q 生物科学	1065	441	624		3.90	
R 医药、卫生	6956	2615	4341		1.67	
S 农业科学	966	444	522		8.42	
T 工业技术	12349	4534	7815		-4.23	
U 交通运输	1358	535	823		-17.90	
V 航空、航天	170	72	98		45.30	
X 环境科学	597	332	265		-12.72	
Z 综合性图书	921	410	511		-19.35	
（二）不使用《中国标准书号》部分合计	6125	1052	5073		28.95	
1. 图片	307	241	66		7.34	
2. 国标(GB)、部标(BB)等标准类文件印品	1035	539	496		-8.57	
3. 活页文选、活页歌篇、小件印品等	4783	272	4511		43.55	

中央出版单位各类图书出版数量及与上年相比增减百分比（续表2）

（三）总印张

	本年图书总印张（千印张）				与上年相比增减%	
	合计	新版	重印	租型	合计	租型
图书总计	30562816	10368251	20191440	3125	-4.81	-73.22
（一）使用《中国标准书号》部分合计	29998119	10328943	19666051	3125	-4.97	-73.22
A 马克思主义、列宁主义、毛泽东思想	313067	11409	301658		24.61	
B 哲学	613884	261796	352088		-11.15	
C 社会科学总论	345507	119443	226064		9.25	
D 政治、法律	3731266	3118641	612625		-0.45	-100.00
E 军事	63055	29415	33640		7.18	
F 经济	1755137	874130	881007		-6.05	
G 文化、科学、教育、体育	12248197	2194419	10050653	3125	1.10	-73.10
H 语言、文字	2016229	500480	1515749		-23.34	
I 文学	2447065	801708	1645357		-13.52	
J 艺术	498576	228077	270499		-15.24	
K 历史、地理	1053050	484437	568613		-11.91	
N 自然科学总论	60130	16871	43259		0.11	
O 数理科学、化学	571246	143631	427615		-10.08	
P 天文学、地球科学	83786	46809	36977		-16.51	
Q 生物科学	156961	50184	106777		-12.97	
R 医药、卫生	1308867	415161	893706		-4.91	
S 农业科学	109984	45090	64894		-2.60	
T 工业技术	2222866	800833	1422033		-5.76	
U 交通运输	198283	82169	116114		-16.83	
V 航空、航天	23763	10599	13164		36.48	
X 环境科学	74645	38590	36055		-17.27	
Z 综合性图书	102555	55051	47504		-2.21	
（二）不使用《中国标准书号》部分合计	564697	39308	525389		4.30	
1. 图片	2533	2043	490		-21.14	
2. 国标(GB)、部标(BB)等标准类文件印品	54693	26290	28403		-9.53	
3. 活页文选、活页歌篇、小件印品等	507471	10975	496496		6.22	

中央出版单位各类图书出版数量及与上年相比增减百分比（续表3）

（四）图书总定价

	图书总定价（万元）				
	合计	增减%	新版	重印	租型
图书总计	8050157	0.06	3595616	4454298	243
（一）使用《中国标准书号》部分合计	7947622	-0.02	3567179	4380200	243
A 马克思主义、列宁主义、毛泽东思想	52604	24.69	4252	48352	
B 哲学	225984	-8.85	111407	114577	
C 社会科学总论	112043	7.56	45764	66279	
D 政治、法律	958623	11.51	804598	154025	
E 军事	23757	12.62	12854	10903	
F 经济	605657	0.79	347972	257685	
G 文化、科学、教育、体育	2368259	6.32	617214	1750802	243
H 语言、文字	561781	-17.72	162441	399340	
I 文学	722853	-2.48	325426	397427	
J 艺术	245256	-12.91	145775	99481	
K 历史、地理	436246	-8.88	252018	184228	
N 自然科学总论	34505	22.50	9920	24585	
O 数理科学、化学	150939	-3.17	49346	101593	
P 天文学、地球科学	46083	-6.05	29704	16379	
Q 生物科学	60126	-1.17	26065	34061	
R 医药、卫生	416557	-2.82	173054	243503	
S 农业科学	47069	9.20	27274	19795	
T 工业技术	699144	-0.67	318602	380542	
U 交通运输	69168	-14.14	35342	33826	
V 航空、航天	10913	33.46	5925	4988	
X 环境科学	29384	-7.61	17929	11455	
Z 综合性图书	70671	-0.78	44297	26374	
（二）不使用《中国标准书号》部分合计	102535	6.98	28437	74098	
1. 图片	1686	-45.37	1376	310	
2. 国标(GB)、部标(BB)等标准类文件印品	38324	-6.48	21486	16838	
3. 活页文选、活页歌篇、小件印品等	62525	20.74	5575	56950	

地方出版单位各类图书出版数量及与上年相比增减百分比

（一）种　数

	本版图书种数（种）合计	新版	重印	与上年相比增减% 合计	新版	重印	租型图书种数（种）	与上年相比增减%
图书总计	289991	127476	162515	-3.76	-5.65	-2.23	11449	3.56
（一）使用《中国标准书号》部分合计	289862	127433	162429	-3.72	-5.58	-2.21	11449	3.56
A 马克思主义、列宁主义、毛泽东思想	298	171	127	-7.17	-20.09	18.69		-100.00
B 哲学	3680	2065	1615	-17.02	-17.86	-15.93		
C 社会科学总论	1992	1212	780	-3.11	2.11	-10.24	3	
D 政治、法律	4341	2997	1344	-7.40	-10.94	1.59	20	-45.95
E 军事	483	236	247	-0.21	-6.35	6.47		
F 经济	9773	6086	3687	-6.33	-5.41	-7.80		
G 文化、科学、教育、体育	165034	54347	110687	-1.49	-1.95	-1.26	11413	3.65
H 语言、文字	8349	3609	4740	-13.66	-16.61	-11.27		
I 文学	35963	19856	16107	-6.54	-10.76	-0.76		-100.00
J 艺术	15306	9216	6090	-14.59	-14.60	-14.57		-100.00
K 历史、地理	9847	6924	2923	-5.82	-6.18	-4.94	1	-50.00
N 自然科学总论	447	227	220	7.97	-4.22	24.29		
O 数理科学、化学	3079	1078	2001	-6.78	-15.45	-1.33		
P 天文学、地球科学	1315	768	547	-6.00	-11.83	3.60		
Q 生物科学	1619	939	680	1.50	-1.37	5.75		
R 医药、卫生	8806	5823	2983	3.13	-1.41	13.29	12	1100.00
S 农业科学	1598	1091	507	-3.50	-5.46	1.00		
T 工业技术	11917	6410	5507	-2.62	-2.95	-2.24		
U 交通运输	1795	1016	779	2.05	4.21	-0.64		
V 航空、航天	253	144	109	10.96	15.20	5.83		
X 环境科学	840	623	217	2.31	7.79	-10.70		
Z 综合性图书	3127	2595	532	18.40	20.98	7.26		
（二）不使用《中国标准书号》部分合计	129	43	86	-51.32	-70.14	-28.93		
1. 图片	129	43	86	-51.32	-70.14	-28.93		
2. 国标（GB）、部标（BB）等标准类文件印品								
3. 活页文选、活页歌篇、小件印品等								

- 23 -

地方出版单位各类图书出版数量及与上年相比增减百分比（续表1）

（二）总印数

	本年图书总印数（万册、张）				与上年相比增减%	
	合计	新版	重印	租型	合计	租型
图书总计	761077	150106	407735	203236	−1.22	6.85
（一）使用《中国标准书号》部分合计	760934	150006	407692	203236	−1.22	6.85
A 马克思主义、列宁主义、毛泽东思想	100	41	59		−23.08	−100.00
B 哲学	3009	1432	1577		−21.15	
C 社会科学总论	1281	591	679	11	−6.43	
D 政治、法律	2865	1372	1421	72	−41.12	−80.90
E 军事	454	152	302		−3.40	
F 经济	3587	2005	1582		−20.36	
G 文化、科学、教育、体育	652443	103448	346729	202266	0.40	6.60
H 语言、文字	9025	3114	5911		−3.60	
I 文学	49833	19709	30124		−12.53	−100.00
J 艺术	13384	4977	8407		−6.87	−100.00
K 历史、地理	5945	3136	2797	12	−16.17	−85.19
N 自然科学总论	382	164	218		−30.04	
O 数理科学、化学	2222	738	1484		−7.76	
P 天文学、地球科学	887	451	436		−16.95	
Q 生物科学	1355	731	624		−15.10	
R 医药、卫生	6814	4167	1772	875	69.63	
S 农业科学	568	274	294		−5.65	
T 工业技术	3691	1675	2016		−5.31	
U 交通运输	545	243	302		−10.95	
V 航空、航天	94	44	50		−25.40	
X 环境科学	811	568	243		6.99	
Z 综合性图书	1639	974	665		−13.14	
（二）不使用《中国标准书号》部分合计	143	100	43		−3.38	
1. 图片	48	32	16		−48.94	
2. 国标(GB)、部标(BB)等标准类文件印品	24	23	1		200.00	
3. 活页文选、活页歌篇、小件印品等	71	45	26		54.35	

地方出版单位各类图书出版数量及与上年相比增减百分比（续表2）

（三）总印张

	本年图书总印张（千印张）				与上年相比增减%	
	合计	新版	重印	租型	合计	租型
图书总计	61327717	14065094	32336597	14926026	-0.60	8.56
（一）使用《中国标准书号》部分合计	61318933	14058927	32333980	14926026	-0.59	8.56
A 马克思主义、列宁主义、毛泽东思想	18254	7669	10585		-17.84	-100.00
B 哲学	356488	169810	186678		-24.43	
C 社会科学总论	155346	73389	81299	658	-11.16	
D 政治、法律	351360	201366	147743	2251	-19.64	-84.28
E 军事	57260	22143	35117		0.83	
F 经济	594025	341590	252435		-24.65	
G 文化、科学、教育、体育	50274706	8953638	26416005	14905063	1.98	8.54
H 语言、文字	1002254	317876	684378		-18.85	
I 文学	4441539	1943028	2498511		-13.78	-100.00
J 艺术	1278343	525126	753217		2.03	-100.00
K 历史、地理	822344	477952	344255	137	-11.59	-85.39
N 自然科学总论	41511	16871	24640		8.54	
O 数理科学、化学	194339	67799	126540		-6.22	
P 天文学、地球科学	83747	41790	41957		-11.30	
Q 生物科学	111277	58615	52662		-5.74	
R 医药、卫生	609632	360914	230801	17917	25.44	68811.54
S 农业科学	52369	28907	23462		-3.78	
T 工业技术	535265	235919	299346		-7.06	
U 交通运输	69627	31974	37653		-5.57	
V 航空、航天	10364	4844	5520		-6.56	
X 环境科学	51379	36662	14717		18.00	
Z 综合性图书	207504	141045	66459		27.19	
（二）不使用《中国标准书号》部分合计	8784	6167	2617		-15.16	
1. 图片	2827	1412	1415		-62.25	
2. 国标(GB)、部标(BB)等标准类文件印品	869	841	28		209.25	
3. 活页文选、活页歌篇、小件印品等	5088	3914	1174		96.98	

地方出版单位各类图书出版数量及与上年相比增减百分比（续表3）

（四）图书总定价

	图书总定价（万元）				
	合计	增减%	新版	重印	租型
图书总计	13803186	0.43	4709023	7491378	1602785
（一）使用《中国标准书号》部分合计	13798464	0.45	4705380	7490299	1602785
A 马克思主义、列宁主义、毛泽东思想	5511	-22.27	2526	2985	
B 哲学	141314	-17.60	76411	64903	
C 社会科学总论	58950	-2.26	31611	27043	296
D 政治、法律	108879	-14.05	69143	39168	568
E 军事	15971	-1.83	7433	8538	
F 经济	202147	-17.21	131381	70766	
G 文化、科学、教育、体育	9646087	4.13	2471942	5579272	1594873
H 语言、文字	313376	-7.84	119761	193615	
I 文学	1580234	-8.59	739929	840305	
J 艺术	554630	-6.61	310814	243816	
K 历史、地理	368661	-12.03	256082	112531	48
N 自然科学总论	19211	12.99	10057	9154	
O 数理科学、化学	77854	14.24	32778	45076	
P 天文学、地球科学	44556	-13.46	27641	16915	
Q 生物科学	57278	-4.85	35840	21438	
R 医药、卫生	232033	15.15	149547	75486	7000
S 农业科学	22033	-7.62	14683	7350	
T 工业技术	198182	-3.10	109489	88693	
U 交通运输	26059	-10.55	13435	12624	
V 航空、航天	5023	-18.87	2894	2129	
X 环境科学	18034	11.36	13234	4800	
Z 综合性图书	102441	17.31	78749	23692	
（二）不使用《中国标准书号》部分合计	4722	-37.00	3643	1079	
1. 图片	1510	-75.13	817	693	
2. 国标(GB)、部标(BB)等标准类文件印品	770	188.39	745	25	
3. 活页文选、活页歌篇、小件印品等	2442	111.25	2081	361	

全国出版图书用纸量

	图书总计		书籍		课本		图片		附录	
	印张数(千印张)	合吨数(吨)	印张数(千印张)	合吨数(吨)	印张数(千印张)	合吨数(吨)	印张数(千印张)	合吨数(吨)	印张数(千印张)	合吨数(吨)
全 国	91890533	2159504	61995437	1456893	29321615	689058	5360	203	568121	13351
中 央	30562816	718262	20808664	489004	9189455	215952	2533	96	562164	13211
地 方	61327717	1441242	41186773	967889	20132160	473106	2827	107	5957	140

注：从1982年开始，书籍、课本、附录按每千印张0.0235吨计算，图片按每千印张0.0378吨计算。

全国出版图书用纸量与上年相比增减百分比

	图书总计		书籍		课本		图片		附录	
	印张数	吨数	印张数	吨数	印张数	吨数	印张数	吨数	印张数	吨数
全 国	-2.04	-2.04	-2.90	-2.90	-0.28	-0.28	-49.91	-49.91	5.00	5.00
中 央	-4.81	-4.81	-4.18	-4.18	-6.72	-6.72	-21.14	-21.14	4.45	4.45
地 方	-0.60	-0.60	-2.24	-2.24	2.96	2.96	-62.25	-62.25	108.00	108.00

使用《中国标准书号》图书出版数量中各类图书所占百分比

	种数 合计	种数 新版	租型种数	总印数 合计	总印数 租型	总印张 合计	总印张 租型	定价总金额 合计	定价总金额 租型
使用《中国标准书号》部分合计	**100.00**	**100.00**	**100.00**	**100.00**	**100.00**	**100.00**	**100.00**	**100.00**	**100.00**
A 马克思主义、列宁主义、毛泽东思想	0.15	0.18		0.19		0.36		0.27	
B 哲学	1.76	2.16		0.75		1.06		1.69	
C 社会科学总论	1.05	1.24	0.03	0.38	0.01	0.55		0.79	0.02
D 政治、法律	3.38	5.15	0.17	2.43	0.04	4.47	0.02	4.91	0.04
E 军事	0.24	0.30		0.09		0.13		0.18	
F 经济	6.77	8.44		1.36		2.57		3.71	
G 文化、科学、教育、体育	41.42	31.69	99.69	77.99	99.52	68.47	99.86	55.25	99.51
H 语言、文字	3.68	3.15		2.19		3.31		4.02	
I 文学	10.34	13.16		6.91		7.54		10.59	
J 艺术	4.69	6.09		1.78		1.95		3.68	
K 历史、地理	3.60	5.37	0.01	1.30	0.01	2.05		3.70	
N 自然科学总论	0.19	0.21		0.08		0.11		0.25	
O 数理科学、化学	2.07	1.26		0.55		0.84		1.05	
P 天文学、地球科学	0.64	0.87		0.15		0.18		0.42	
Q 生物科学	0.77	0.81		0.23		0.29		0.54	
R 医药、卫生	4.55	5.33	0.10	1.34	0.43	2.10	0.12	2.98	0.44
S 农业科学	1.01	1.33		0.15		0.18		0.32	
T 工业技术	10.83	9.32		1.56		3.02		4.13	
U 交通运输	1.24	1.28		0.18		0.29		0.44	
V 航空、航天	0.18	0.21		0.03		0.04		0.07	
X 环境科学	0.53	0.74		0.14		0.14		0.22	
Z 综合性图书	0.91	1.71		0.25		0.34		0.80	

全国各地区图书出版总量

				图　书　总　计								
		种数（种）		租型种数（种）	总印数（万册、张）			总印张（千印张）			定价总金额（万元）		
		合计	新版		合计	新版	租型	合计	新版	租型	合计	新版	租型
全国总计		489051	213636	11460	1037305	232150	203270	91890533	24433345	14929151	21853343	8304639	1603028
中　央		199060	86160	11	276228	82044	34	30562816	10368251	3125	8050157	3595616	243
地　方		289991	127476	11449	761077	150106	203236	61327717	14065094	14926026	13803186	4709023	1602785
北　京		12803	6058	147	23445	8050	1416	2134776	797834	115407	741718	341562	11032
天　津		7278	3973	196	9485	2772	1671	843166	278502	102164	281803	114128	12890
河　北		9938	3160	535	34137	5181	9417	2739951	462593	777280	559681	121063	80181
山　西		3154	1885	238	11033	3178	4034	1137293	531584	310545	195979	110532	32016
内蒙古		3524	1317	340	6322	839	3231	532118	108166	261039	76202	24045	27092
辽　宁		10557	4829	254	15226	4127	3727	1365603	366523	302332	310929	119279	35183
吉　林		24577	12720	694	27255	7027	4494	2425050	717226	390920	674413	253839	41079
黑龙江		7638	4761	437	8804	1398	3419	772638	136426	277220	174700	52203	30139
上　海		28056	12779	51	49509	19552	721	4450776	1586818	55875	1435432	672303	8550
江　苏		26983	10146	412	70039	14168	9784	5541053	1434623	735968	1209547	414030	77241
浙　江		14477	6295	387	41513	11767	8069	3152468	994133	551505	772869	326379	62486
安　徽		10015	3210	763	31793	3938	12983	2489715	381777	982810	510493	122505	114981
福　建		4405	2267	216	13620	2475	4580	1109429	241853	331109	231094	79588	34606
江　西		9437	4463	233	27050	5290	7848	1837394	384240	616004	434489	138555	61967
山　东		15303	5230	696	53288	8917	16762	3814743	737895	1140991	741075	213743	131807
河　南		8735	3902	386	41154	5532	16600	2930695	416521	1242565	430058	118665	116312
湖　北		13209	5693	407	29561	6087	7568	2202692	484541	554931	550554	179870	63659
湖　南		10167	3715	418	48269	9273	11786	4048893	981290	791851	830390	287876	91103
广　东		10970	4534	131	43448	5694	11399	3394245	532888	834339	638128	167736	83985
广　西		6695	2444	468	31375	3878	9734	2310436	327651	728701	407192	105812	74052
海　南		4088	1500	279	7021	1083	1790	534126	111619	115409	117866	35441	12600
重　庆		5008	1567	316	13475	1010	4004	1008179	122072	294608	203899	45521	32983
四　川		12891	6781	490	34996	6003	10036	2710960	521249	706746	585371	211295	73032
贵　州		1370	879	542	13052	766	9227	880652	73502	656044	156169	30193	77627
云　南		5879	3211	323	17018	2785	7046	1498471	272480	546822	264605	91734	51369
西　藏		676	313	258	1649	171	956	122526	21767	67520	19660	5981	8467
陕　西		11569	5045	524	20190	3582	5935	1944340	453937	423268	493445	156480	41889
甘　肃		3587	1513	254	9593	1589	3695	676484	137186	268741	142387	42320	27948
青　海		586	240	240	1288	65	927	108200	9180	67715	14205	3559	7487
宁　夏		2855	1147	191	7948	1476	989	979891	165978	74800	272759	49793	9149
新　疆		3325	1692	623	18467	2386	9388	1624092	267220	600797	322396	69485	69873
兵　团		236	207		54	47		6662	5820		3678	3508	

全国各地区各类图书出版数量

（一）使用《中国标准书号》部分合计

	种数（种）合计	种数（种）新版	租型种数（种）	总印数（万册、张）合计	总印数（万册、张）新版	总印数（万册、张）租型	总印张（千印张）合计	总印张（千印张）新版	总印张（千印张）租型	定价总金额（万元）合计	定价总金额（万元）新版	定价总金额（万元）租型
全国总计	488714	213469	11460	1031037	230998	203270	91317052	24387870	14929151	21746086	8272559	1603028
中　央	198852	86036	11	270103	80992	34	29998119	10328943	3125	7947622	3567179	243
地　方	289862	127433	11449	760934	150006	203236	61318933	14058927	14926026	13798464	4705380	1602785
北　京	12803	6058	147	23445	8050	1416	2134776	797834	115407	741717	341562	11032
天　津	7278	3973	196	9485	2772	1671	843166	278502	102164	281803	114128	12890
河　北	9938	3160	535	34137	5181	9417	2739951	462593	777280	559681	121063	80181
山　西	3154	1885	238	11033	3178	4034	1137293	531584	310545	195979	110532	32016
内 蒙 古	3524	1317	340	6322	839	3231	532118	108166	261039	76202	24045	27092
辽　宁	10557	4829	254	15226	4127	3727	1365603	366523	302332	310929	119279	35183
吉　林	24577	12720	694	27255	7027	4494	2425050	717226	390920	674412	253839	41079
黑 龙 江	7638	4761	437	8804	1398	3419	772638	136426	277220	174700	52203	30139
上　海	28056	12779	51	49508	19552	721	4450775	1586818	55875	1435432	672304	8550
江　苏	26940	10146	412	70002	14156	9784	5538429	1434046	735968	1208662	413759	77241
浙　江	14419	6273	387	41455	11721	8069	3148469	990522	551505	770023	323936	62486
安　徽	10015	3210	763	31793	3938	12983	2489715	381777	982810	510493	122505	114981
福　建	4398	2260	216	13600	2455	4580	1109278	241702	331109	230906	79400	34606
江　西	9437	4463	233	27050	5290	7848	1837394	384240	616004	434489	138555	61967
山　东	15303	5230	696	53287	8917	16761	3814743	737895	1140992	741075	213743	131807
河　南	8735	3902	386	41155	5532	16601	2930695	416521	1242565	430059	118665	116312
湖　北	13209	5693	407	29561	6087	7568	2202692	484541	554931	550554	179870	63659
湖　南	10167	3715	418	48269	9272	11786	4048892	981291	791851	830390	287876	91103
广　东	10965	4529	131	43441	5693	11399	3393218	531963	834339	638077	167708	83985
广　西	6691	2440	468	31374	3877	9734	2310341	327557	728701	407111	105732	74052
海　南	4088	1500	279	7021	1083	1790	534126	111619	115409	117866	35441	12600
重　庆	5008	1567	316	13475	1010	4004	1008179	122072	294608	203899	45521	32983
四　川	12891	6781	490	34984	5990	10036	2710420	520708	706746	584898	210822	73032
贵　州	1370	879	542	13052	766	9227	880652	73502	656044	156169	30193	77627
云　南	5876	3211	323	17017	2784	7046	1498403	272439	546822	264580	91724	51369
西　藏	676	313	258	1649	171	956	122526	21767	67520	19660	5981	8467
陕　西	11569	5045	524	20190	3582	5935	1944300	453923	423268	493434	156476	41889
甘　肃	3583	1513	254	9593	1589	3695	676458	137186	268741	142371	42320	27948
青　海	586	240	240	1288	65	927	108200	9180	67715	14205	3559	7487
宁　夏	2855	1147	191	7948	1476	989	979891	165978	74800	272759	49793	9149
新　疆	3320	1687	623	18461	2380	9388	1623879	267007	600797	322250	69339	69873
兵　团	236	207		54	47		6662	5820		3678	3508	

全国各地区各类图书出版数量（续表1）

	A 马克思主义、列宁主义、毛泽东思想											
	种数（种）		租型种数（种）	总印数（万册、张）			总印张（千印张）			定价总金额（万元）		
	合计	新版		合计	新版	租型	合计	新版	租型	合计	新版	租型
全国总计	**740**	**388**		**1907**	**111**		**331321**	**19078**		**58115**	**6778**	
中　　央	**442**	**217**		**1807**	**70**		**313067**	**11409**		**52604**	**4252**	
地　　方	**298**	**171**		**100**	**41**		**18254**	**7669**		**5511**	**2526**	
北　　京	12	11		1	1		230	162		80	63	
天　　津	4	3		1	1		141	86		79	50	
河　　北	4	4		1	1		63	63		20	20	
山　　西	6	3		3			528	21		140	7	
内 蒙 古	2	2		1	1		335	335		34	34	
辽　　宁	30	25		8	6		1830	1317		595	441	
吉　　林	17	9		8	1		1276	138		298	39	
黑 龙 江	5	5		1	1		115	115		33	33	
上　　海	33	19		10	4		1380	694		754	487	
江　　苏	44	18		14	6		1922	876		543	254	
浙　　江	6	4		1			139	68		39	24	
安　　徽	4	2					37	14		12	5	
福　　建	3	2		1	1		125	93		42	35	
江　　西	2	2					21	21		7	7	
山　　东	5	2		1			95	28		42	10	
河　　南	3	2		1			71	9		30	12	
湖　　北	13	9		4	1		977	155		425	48	
湖　　南	16	8		10	3		2915	880		711	237	
广　　东	20	3		5	1		303	116		120	39	
广　　西	8	4		3	1		431	96		229	35	
海　　南												
重　　庆	9	5		6	4		937	604		302	176	
四　　川	29	14		11	6		2688	1425		629	352	
贵　　州	1	1					3	3		1	1	
云　　南	4	4		1	1		64	64		29	29	
西　　藏												
陕　　西	6	3		6	1		1414	159		258	49	
甘　　肃	2						20			5		
青　　海												
宁　　夏												
新　　疆	10	7		2	1		195	127		54	38	
兵　　团												

全国各地区各类图书出版数量（续表2）

				B 哲学								
		种数（种）		租型种数（种）	总印数（万册、张）			总印张（千印张）			定价总金额（万元）		
		合计	新版		合计	新版	租型	合计	新版	租型	合计	新版	租型
全国总计		8593	4609		7686	3511		970372	431606		367298	187818	
中　　央		4913	2544		4677	2079		613884	261796		225984	111407	
地　　方		3680	2065		3009	1432		356488	169810		141314	76411	
北　　京		253	155		371	247		44385	28509		18458	12636	
天　　津		115	87		169	122		15837	10395		6392	4296	
河　　北		14	12		4	3		727	633		366	317	
山　　西		35	27		14	11		1868	1636		891	801	
内 蒙 古		30	15		10	4		1605	724		526	348	
辽　　宁		64	46		31	18		5180	2776		1572	1057	
吉　　林		153	82		143	75		16335	9371		6738	4113	
黑 龙 江		70	57		34	17		4113	1729		2120	673	
上　　海		914	430		449	155		66087	24780		22026	10374	
江　　苏		365	173		220	118		26024	13033		10056	5633	
浙　　江		152	83		168	85		22681	10757		9132	4759	
安　　徽		30	24		7	5		988	527		325	214	
福　　建		67	32		35	12		4169	1619		1396	690	
江　　西		78	59		39	20		5235	2779		1754	1050	
山　　东		163	128		65	44		8219	5798		3689	2932	
河　　南		122	52		84	22		8825	3082		2852	1475	
湖　　北		133	67		61	23		6037	2337		2231	997	
湖　　南		112	60		275	103		26555	10793		10109	4847	
广　　东		128	85		62	38		9279	5162		2844	1708	
广　　西		68	33		82	29		6239	2255		3378	1326	
海　　南		43	14		38	7		5265	805		1738	367	
重　　庆		53	14		18	5		2775	627		867	263	
四　　川		266	138		542	206		54118	19148		26526	11194	
贵　　州		27	26		11	11		1697	1655		785	771	
云　　南		24	22		10	10		1263	1229		679	669	
西　　藏		68	46		18	11		3934	3127		762	627	
陕　　西		89	68		33	21		4720	2622		2494	1777	
甘　　肃		5	4		1	1		141	135		41	40	
青　　海		26	17		10	7		1921	1566		492	396	
宁　　夏		1	1					8	8		2	2	
新　　疆		12	8		4	3		257	192		74	58	
兵　　团													

全国各地区各类图书出版数量（续表3）

				C 社会科学总论							
		种数（种）		租型种数（种）	总印数（万册、张）			总印张（千印张）			定价总金额（万元）		
		合计	新版		合计	新版	租型	合计	新版	租型	合计	新版	租型
全国总计		5151	2650	3	3896	1732	11	500853	192832	658	170993	77375	296
中 央		3159	1438		2615	1141		345507	119443		112043	45764	
地 方		1992	1212	3	1281	591	11	155346	73389	658	58950	31611	296
北 京		75	52		94	73		10727	8152		4441	3696	
天 津		47	28		55	24		7356	3331		2396	1353	
河 北		34	32		3	3		623	535		216	193	
山 西		11	11		7	7		906	906		284	284	
内蒙古		11	8		8	2		1328	413		256	112	
辽 宁		111	23		28	4		4653	574		1128	181	
吉 林		104	86	1	55	29	9	6640	4238	554	2693	1811	262
黑龙江		29	24		7	5		902	674		318	223	
上 海		352	204		179	94		28933	13588		9339	5479	
江 苏		154	87		140	71		15810	8673		7262	4801	
浙 江		231	129		107	38		14522	4466		5929	2113	
安 徽		30	22		5	3		751	552		223	176	
福 建		25	18		8	7		1132	797		361	286	
江 西		19	13		8	4		721	426		321	184	
山 东		59	48	2	50	46	2	4629	4236	104	1956	1840	34
河 南		32	22		7	6		1095	861		342	285	
湖 北		106	61		38	14		4130	1871		1422	694	
湖 南		69	39		66	46		7407	5048		2849	1995	
广 东		77	45		18	13		2613	1783		1012	821	
广 西		54	38		29	11		3449	1248		1496	576	
海 南		17	7		13	7		2238	733		540	188	
重 庆		71	20		21	9		3692	1532		1080	457	
四 川		127	72		290	40		25193	4179		11158	2273	
贵 州		10	10		5	5		758	758		338	338	
云 南		34	29		15	11		1265	1001		479	412	
西 藏		2	2					58	58		15	15	
陕 西		70	57		17	14		2721	2207		832	667	
甘 肃		19	14		3	2		407	231		115	73	
青 海													
宁 夏		6	6		2	2		171	171		50	50	
新 疆		3	2		1			383	14		69	4	
兵 团		3	3		1	1		132	132		30	30	

全国各地区各类图书出版数量（续表4）

| | \multicolumn{11}{c|}{D 政治、法律} |
| | \multicolumn{2}{c|}{种数（种）} | 租型种数（种） | \multicolumn{3}{c|}{总印数（万册、张）} | \multicolumn{3}{c|}{总印张（千印张）} | \multicolumn{3}{c|}{定价总金额（万元）} |
	合计	新版		合计	新版	租型	合计	新版	租型	合计	新版	租型
全国总计	16517	11002	20	25020	18305	72	4082626	3320007	2251	1067502	873741	568
中 央	12176	8005		22155	16933		3731266	3118641		958623	804598	
地 方	4341	2997	20	2865	1372	72	351360	201366	2251	108879	69143	568
北 京	115	84		70	53		6829	3863		2394	1564	
天 津	81	59		23	16		3038	1893		1285	903	
河 北	41	37		18	9		2331	1255		953	559	
山 西	68	65		16	14		3403	3026		1554	1482	
内 蒙 古	44	40		23	22		5066	4828		1524	1461	
辽 宁	178	109		61	29		8944	4098		2671	1559	
吉 林	201	169	1	49	39		6638	5737	42	3034	2710	6
黑 龙 江	82	73		13	13		4432	4373		1011	998	
上 海	821	511		337	162		60708	30070		22189	12506	
江 苏	368	208		171	59		23151	8459		8512	3927	
浙 江	200	114	10	403	235	28	38282	25396	1248	10961	7750	312
安 徽	110	51		112	13		10047	1820		2976	753	
福 建	141	105		32	21		5672	4088		2422	1972	
江 西	81	63		98	24		12669	2564		3469	838	
山 东	160	119	2	112	79	1	17581	15381	46	4514	3872	9
河 南	121	94	1	74	47	15	7691	6109	189	2834	2421	60
湖 北	275	211		44	26		7912	4695		2451	1610	
湖 南	103	68	1	106	69	1	11609	7801	141	3618	2511	24
广 东	198	128		330	57		28741	9890		6975	3143	
广 西	92	64	2	195	152	1	22765	16492	72	4961	3058	20
海 南	16	15		2	2		541	500		155	146	
重 庆	38	26		14	11		2037	1629		588	482	
四 川	330	208		148	106		25699	18153		7428	5566	
贵 州	29	22		7	5		908	776		418	362	
云 南	170	150		88	61		13413	11217		4826	4303	
西 藏	7	4		3	1		745	457		308	236	
陕 西	166	115	1	178	33	2	15404	4627	126	3285	1726	18
甘 肃	25	22		3	3		791	744		301	293	
青 海	11	8		6	5		637	551		195	167	
宁 夏	10	10		2	2		294	294		83	83	
新 疆	49	35	2	125	4	24	3191	387	387	921	118	119
兵 团	10	10		1	1		192	192		63	63	

全国各地区各类图书出版数量（续表5）

	E 军事											
	种数（种）		租型种数（种）	总印数（万册、张）			总印张（千印张）			定价总金额（万元）		
	合计	新版		合计	新版	租型	合计	新版	租型	合计	新版	租型
全国总计	**1184**	**631**		**977**	**470**		**120315**	**51558**		**39728**	**20287**	
中　　央	**701**	**395**		**523**	**318**		**63055**	**29415**		**23757**	**12854**	
地　　方	**483**	**236**		**454**	**152**		**57260**	**22143**		**15971**	**7433**	
北　　京	18	9		42	3		4995	281		1536	164	
天　　津	4	2		1	1		192	180		67	62	
河　　北	6	5		1			111	41		31	11	
山　　西	4	3		2	1		216	188		92	78	
内 蒙 古	1			1			56			20		
辽　　宁	19	10		7	4		1032	498		343	163	
吉　　林	41	15		18	6		1506	454		569	184	
黑 龙 江	10	5		2			295	100		90	51	
上　　海	49	27		32	11		5845	1923		1432	647	
江　　苏	45	28		78	39		9047	5601		2483	1625	
浙　　江	10	6		5	3		494	232		211	127	
安　　徽	10	1		33			3208	55		658	40	
福　　建	8	3		10	1		2428	69		446	30	
江　　西	10	2		30	23		5304	4393		1121	883	
山　　东	33	21		13	6		1697	789		777	537	
河　　南	11	2		14	2		1571	251		364	80	
湖　　北	34	8		32	5		2466	626		636	190	
湖　　南	37	17		25	10		3744	1029		985	366	
广　　东	22	13		8	3		1401	609		592	399	
广　　西	17	5		9	3		1304	528		583	373	
海　　南	2	1		1	1		171	155		69	65	
重　　庆	12	9		8	6		1862	1330		515	387	
四　　川	31	21		20	16		2678	1801		743	583	
贵　　州	14	1		34	1		1750	213		643	59	
云　　南	4	3		9	2		593	312		82	82	
西　　藏												
陕　　西	30	18		20	4		3291	482		882	247	
甘　　肃												
青　　海												
宁　　夏												
新　　疆												
兵　　团	1	1					3	3		1	1	

全国各地区各类图书出版数量（续表6）

	F 经济											
	种数（种）		租型种数（种）	总印数（万册、张）			总印张（千印张）			定价总金额（万元）		
	合计	新版		合计	新版	租型	合计	新版	租型	合计	新版	租型
全国总计	**33087**	**18009**		**13990**	**7146**		**2349162**	**1215720**		**807804**	**479353**	
中　　央	**23314**	**11923**		**10403**	**5141**		**1755137**	**874130**		**605657**	**347972**	
地　　方	**9773**	**6086**		**3587**	**2005**		**594025**	**341590**		**202147**	**131381**	
北　　京	687	396		421	342		82079	69784		24914	21668	
天　　津	266	180		114	48		17105	7414		6343	3160	
河　　北	35	33		10	8		1656	1260		597	505	
山　　西	113	97		28	18		5222	3434		2509	1820	
内 蒙 古	52	51		7	7		1312	1285		426	416	
辽　　宁	893	326		279	58		49911	9542		11870	2870	
吉　　林	563	508		83	60		9784	7241		3669	3041	
黑 龙 江	278	232		33	22		5483	3672		2233	1330	
上　　海	2049	1143		949	480		186417	98583		58225	34593	
江　　苏	723	396		263	169		33520	19015		11148	7419	
浙　　江	332	203		228	117		34170	19083		15934	10250	
安　　徽	141	91		27	16		5096	2845		1746	1157	
福　　建	165	97		41	24		9342	6118		4569	3713	
江　　西	119	102		50	36		7324	4694		2239	1697	
山　　东	137	75		33	18		4986	2415		1753	1068	
河　　南	167	119		55	42		7174	5682		3436	2990	
湖　　北	498	312		85	49		13957	7952		5226	3561	
湖　　南	223	126		81	45		13209	7549		4318	2772	
广　　东	431	283		258	102		28660	14885		11269	6270	
广　　西	123	93		70	52		8746	6374		4167	3396	
海　　南	52	40		110	60		12500	6376		5072	2515	
重　　庆	234	89		55	20		8998	2952		2656	1090	
四　　川	811	532		206	132		30404	19411		10936	7955	
贵　　州	36	34		14	14		2693	2686		1199	1197	
云　　南	151	144		19	16		2768	2531		1644	1552	
西　　藏	3	2		1			55	20		21	7	
陕　　西	373	271		55	40		9122	6564		2870	2245	
甘　　肃	26	21		3	2		445	364		131	114	
青　　海	6	6		1	1		101	101		54	54	
宁　　夏	18	17		2	2		622	613		245	232	
新　　疆	30	29		2	2		237	218		76	72	
兵　　团	38	38		4	4		928	928		651	651	

全国各地区各类图书出版数量（续表7）

	G 文化、科学、教育、体育											
	种数（种）		租型种数（种）	总印数（万册、张）			总印张（千印张）			定价总金额（万元）		
	合计	新版		合计	新版	租型	合计	新版	租型	合计	新版	租型
全国总计	**202426**	**67640**	**11424**	**804063**	**128838**	**202300**	**62522903**	**11148057**	**14908188**	**12014346**	**3089156**	**1595116**
中　　央	**37392**	**13293**	**11**	**151620**	**25390**	**34**	**12248197**	**2194419**	**3125**	**2368259**	**617214**	**243**
地　　方	**165034**	**54347**	**11413**	**652443**	**103448**	**202266**	**50274706**	**8953638**	**14905063**	**9646087**	**2471942**	**1594873**
北　　京	6673	2522	147	14678	3762	1416	1235418	354082	115407	362507	129767	11032
天　　津	3022	1258	194	5689	1313	1263	494257	116828	94004	142607	45353	9626
河　　北	8253	2080	535	31936	4720	9417	2612800	406342	777280	483218	90422	80181
山　　西	1844	775	238	10336	2597	4034	987365	401886	310545	131537	51256	32016
内 蒙 古	2234	404	340	5965	632	3231	479184	75186	261039	57130	10353	27092
辽　　宁	4730	1904	254	12300	3064	3727	1031625	245576	302332	196511	63279	35183
吉　　林	16585	7046	692	23672	5504	4485	2090487	551917	390324	553205	186123	40811
黑 龙 江	3876	1906	437	7984	863	3419	682100	77736	277220	138664	26939	30139
上　　海	10278	3959	51	32070	12984	721	2307178	840573	55875	749574	360642	8550
江　　苏	16225	4367	412	62092	10268	9784	4666325	1006079	735968	877809	226834	77241
浙　　江	7633	2494	377	34423	8445	8041	2455907	662559	550258	492946	165118	62175
安　　徽	6825	1486	761	28517	2773	12844	2213756	264951	980017	406218	69471	113864
福　　建	2279	863	216	12384	1736	4580	972604	158110	331109	171565	37134	34606
江　　西	5639	2399	233	21294	3220	7848	1465527	243293	616004	285328	75501	61967
山　　东	11099	2840	692	47824	6540	16758	3358610	504390	1140841	545433	108057	131763
河　　南	5019	1456	385	38850	4349	16586	2732484	293661	1242377	342175	55247	116252
湖　　北	6478	2080	407	24625	3940	7568	1695486	270445	554931	389445	99608	63659
湖　　南	5813	1445	417	41563	5686	11785	3251795	532047	791709	581016	140904	91079
广　　东	6690	1824	129	39379	3953	11314	2997156	361977	832239	489923	88337	83304
广　　西	3305	730	463	27716	2498	9732	2031313	193734	728600	266408	36048	74026
海　　南	3120	1034	278	6171	829	1789	432398	80023	115384	81241	21858	12592
重　　庆	2327	424	316	12460	552	4004	863356	58628	294608	150500	16692	32983
四　　川	5635	2500	490	28634	3292	10036	2095021	236460	706746	343706	86368	73032
贵　　州	531	288	542	10953	326	9227	781192	31192	656044	104880	7719	77627
云　　南	3324	1088	323	15480	1907	7046	1351644	180332	546822	196541	41069	51369
西　　藏	290	88	258	1498	94	956	102788	8952	67520	14358	2109	8467
陕　　西	7476	2350	523	18770	2815	5933	1725387	320674	423141	411653	102198	41871
甘　　肃	2488	722	254	8890	1333	3695	604635	97992	268741	106930	24012	27948
青　　海	299	15	240	1212	6	927	97859	872	67715	10222	173	7487
宁　　夏	2381	814	191	7393	1340	989	883630	142701	74800	254764	43296	9149
新　　疆	2626	1177	618	17671	2099	9112	1574506	234231	595463	307744	59876	67783
兵　　团	37	9		14	8		912	208		328	180	

全国各地区各类图书出版数量（续表8）

				H 语言、文字								
		种数（种）		租型种数（种）	总印数（万册、张）			总印张（千印张）			定价总金额（万元）		
		合计	新版		合计	新版	租型	合计	新版	租型	合计	新版	租型
全国总计		18004	6727		22621	7465		3018483	818356		875157	282202	
中 央		9655	3118		13596	4351		2016229	500480		561781	162441	
地 方		8349	3609		9025	3114		1002254	317876		313376	119761	
北 京		330	171		321	129		37415	16550		20809	14143	
天 津		130	87		64	51		7759	5785		3232	2655	
河 北		123	35		542	23		12545	2606		7289	1352	
山 西		34	26		30	25		4598	3797		1740	1617	
内 蒙 古		63	29		14	7		3549	2279		773	544	
辽 宁		484	145		190	57		24842	7512		7029	2434	
吉 林		559	417		242	114		28310	16984		11014	6055	
黑 龙 江		192	148		35	27		4265	2856		1699	1392	
上 海		2693	858		4338	1277		563150	131001		159435	44059	
江 苏		740	322		524	213		56118	21109		18100	6966	
浙 江		575	255		815	491		64986	29122		20241	8896	
安 徽		110	41		51	20		5394	1878		1990	781	
福 建		87	49		72	58		5926	4203		3163	2675	
江 西		184	63		377	125		19307	5293		6250	2222	
山 东		141	47		122	27		11792	3132		4371	1262	
河 南		114	50		74	29		7902	2373		2134	944	
湖 北		259	100		100	22		18241	3218		4010	953	
湖 南		173	63		349	101		43107	23326		9775	4456	
广 东		197	83		222	86		13382	3669		7691	3943	
广 西		79	45		46	26		6437	4302		3900	3169	
海 南		16	11		36	4		6393	710		1393	286	
重 庆		147	47		41	11		5704	1524		1648	531	
四 川		365	203		174	95		23048	11535		6521	3624	
贵 州		7	5		19	9		2314	1669		497	269	
云 南		117	79		36	16		3841	1796		1637	726	
西 藏		34	13		23	2		1645	602		312	108	
陕 西		239	115		70	25		10049	3467		3336	1222	
甘 肃		96	54		62	24		6652	3985		2374	1864	
青 海		15	13		6	5		592	533		158	145	
宁 夏		10	7		4	2		390	201		130	85	
新 疆		16	8		17	3		1963	223		397	55	
兵 团		20	20		10	10		637	637		329	329	

全国各地区各类图书出版数量（续表9）

	I 文学										
	种数（种）		租型种数（种）	总印数（万册、张）			总印张（千印张）			定价总金额（万元）		
	合计	新版		合计	新版	租型	合计	新版	租型	合计	新版	租型
全国总计	**50534**	**28084**		**71230**	**28403**		**6888604**	**2744736**		**2303087**	**1065355**	
中　　央	**14571**	**8228**		**21397**	**8694**		**2447065**	**801708**		**722853**	**325426**	
地　　方	**35963**	**19856**		**49833**	**19709**		**4441539**	**1943028**		**1580234**	**739929**	
北　　京	2335	1111		5303	2333		484601	195652		181404	80683	
天　　津	1208	594		1749	548		159789	61997		60602	23254	
河　　北	695	305		1377	231		77216	23858		46518	9398	
山　　西	449	391		182	144		25929	21441		8352	7222	
内 蒙 古	586	351		195	86		22778	9460		6607	3257	
辽　　宁	1226	655		1458	422		122293	36035		36750	14645	
吉　　林	2103	1280		1334	532		110821	49589		35888	17719	
黑 龙 江	746	515		325	212		25544	15293		10321	6931	
上　　海	3042	1702		3166	1553		336982	142905		126818	67389	
江　　苏	3196	1922		3573	1821		411329	211948		132868	79213	
浙　　江	2014	1059		3007	1147		288992	120286		98144	47253	
安　　徽	1090	533		1851	660		155513	69611		49189	21256	
福　　建	665	416		586	341		53593	33240		19358	11750	
江　　西	2028	959		3509	1313		185422	71054		81135	32561	
山　　东	1900	976		3870	1498		278222	125657		115931	50936	
河　　南	697	452		1170	569		59397	35285		25291	15805	
湖　　北	1726	872		2179	603		233111	75801		62977	21740	
湖　　南	1437	731		3710	2124		444990	274196		124347	79382	
广　　东	1111	690		1818	632		190479	63912		63042	25766	
广　　西	1616	689		2228	683		131089	57588		65923	28031	
海　　南	499	162		313	57		35204	8117		11525	2715	
重　　庆	460	334		267	180		38777	22617		15410	10786	
四　　川	2082	1112		2718	964		248276	99252		87591	37468	
贵　　州	360	214		1567	144		58567	16946		29083	7279	
云　　南	710	473		787	274		68679	25416		24299	10766	
西　　藏	154	90		61	37		7058	4064		1706	1133	
陕　　西	680	495		363	220		42549	24483		17376	10593	
甘　　肃	478	276		509	155		43023	19075		22231	7232	
青　　海	99	88		31	27		3489	3189		1377	1267	
宁　　夏	266	138		485	84		86238	16323		14282	3315	
新　　疆	247	213		126	100		10105	7256		3242	2537	
兵　　团	58	58		15	15		1483	1483		648	648	

全国各地区各类图书出版数量（续表10）

	J艺术											
	种数（种）		租型种数（种）	总印数（万册、张）			总印张（千印张）			定价总金额（万元）		
	合计	新版		合计	新版	租型	合计	新版	租型	合计	新版	租型
全国总计	**22909**	**13005**		**18395**	**7438**		**1776919**	**753203**		**799886**	**456589**	
中　　央	**7603**	**3789**		**5011**	**2461**		**498576**	**228077**		**245256**	**145775**	
地　　方	**15306**	**9216**		**13384**	**4977**		**1278343**	**525126**		**554630**	**310814**	
北　　京	552	431		460	232		38937	25747		34982	19197	
天　　津	419	341		310	245		18432	14435		11870	9125	
河　　北	264	222		87	65		10383	8041		7866	7062	
山　　西	142	133		288	282		82367	80673		37675	37382	
内 蒙 古	60	57		10	9		2437	2380		1537	1531	
辽　　宁	633	327		224	134		22434	10464		12068	7413	
吉　　林	1299	978		825	282		60506	25278		21346	10145	
黑 龙 江	385	370		54	52		4365	4176		2485	2385	
上　　海	2827	1150		4736	679		469007	70169		133194	34821	
江　　苏	1094	603		569	291		48746	26907		31331	19179	
浙　　江	1696	1076		801	472		85977	54312		59412	45951	
安　　徽	631	316		594	187		48938	15879		17943	8625	
福　　建	165	128		58	47		5818	5002		3672	3271	
江　　西	386	235		1100	282		71762	22228		28209	10015	
山　　东	230	166		75	54		9453	6807		7703	6516	
河　　南	387	172		197	63		14067	6205		7236	4449	
湖　　北	633	345		442	135		45018	15875		20609	10769	
湖　　南	859	389		726	371		83512	38538		34443	18069	
广　　东	404	310		161	116		19793	14919		11101	9525	
广　　西	360	240		159	85		22432	10534		11726	6461	
海　　南	57	37		72	30		5782	4020		2893	2043	
重　　庆	577	216		205	79		26157	11762		11582	6123	
四　　川	646	474		788	419		50734	27233		25370	16593	
贵　　州	53	39		38	24		3568	1877		2063	1453	
云　　南	182	177		298	277		12872	12631		6419	6292	
西　　藏	36	20		21	14		1538	1061		480	367	
陕　　西	205	156		48	30		7624	4589		5651	3471	
甘　　肃	78	64		31	13		4663	2423		3007	1862	
青　　海	7	7		1	1		142	142		124	124	
宁　　夏	24	24		4	4		561	561		397	397	
新　　疆	14	12		3	2		303	245		215	177	
兵　　团	1	1					14	14		20	20	

全国各地区各类图书出版数量（续表11）

		K 历史、地理									
	种数（种）		租型种数（种）	总印数（万册、张）			总印张（千印张）			定价总金额（万元）		
	合计	新版		合计	新版	租型	合计	新版	租型	合计	新版	租型
全国总计	17574	11466	1	13390	6580	12	1875394	962389	137	804907	508100	48
中　　央	7727	4542		7445	3444		1053050	484437		436246	252018	
地　　方	9847	6924	1	5945	3136	12	822344	477952	137	368661	256082	48
北　　京	578	344		524	274		65497	34415		28986	19341	
天　　津	205	139		67	36		10638	5938		5182	3835	
河　　北	143	130		64	58		10003	9507		6010	5829	
山　　西	208	177		56	40		10936	7765		6079	5261	
内 蒙 古	209	172		38	28		8725	6614		4226	3506	
辽　　宁	288	218		98	64		15447	10318		7212	5438	
吉　　林	531	298		206	76		19908	7585		8193	3774	
黑 龙 江	267	171		85	52		9543	7395		4699	3469	
上　　海	1245	828		566	322		104396	51140		41291	28031	
江　　苏	854	563		543	288		66176	38547		27551	18173	
浙　　江	547	391		399	156		60544	23811		23328	11724	
安　　徽	191	154		76	38		8428	5429		7164	4439	
福　　建	286	210		99	73		15420	11746		8595	7674	
江　　西	258	156		191	76		23212	9455		8888	4874	
山　　东	450	342		592	315		53997	35443		29037	20984	
河　　南	312	220		155	99		24468	18019		12683	10996	
湖　　北	438	301		199	98		33279	16273		13424	8843	
湖　　南	302	224		415	264		58295	34948		22469	14293	
广　　东	466	353		195	115		24054	18542		12440	10655	
广　　西	265	182		197	118		30636	17839		14665	9143	
海　　南	80	60		167	39		20578	4240		7662	1978	
重　　庆	94	73		46	25		7261	5074		3365	2824	
四　　川	635	373		400	181		52736	30508		22301	15285	
贵　　州	118	90		159	38		14940	7233		8971	5029	
云　　南	294	268		63	53		15502	14094		11625	11172	
西　　藏	22	10		9	4		1979	1182		405	233	
陕　　西	326	273		91	62		18733	14347		10319	8498	
甘　　肃	110	100		49	17		8944	5830		3708	3385	
青　　海	56	41		13	8		2159	1455		927	731	
宁　　夏	33	30		27	16		4035	2242		1068	773	
新　　疆	25	22	1	155	102	12	20667	19809	137	5285	4988	48
兵　　团	11	11		2	2		1208	1208		903	903	

全国各地区各类图书出版数量（续表12）

	N 自然科学总论											
	种数（种）		租型种数（种）	总印数（万册、张）			总印张（千印张）			定价总金额（万元）		
	合计	新版		合计	新版	租型	合计	新版	租型	合计	新版	租型
全国总计	**929**	**452**		**795**	**387**		**101641**	**33742**		**53716**	**19977**	
中　　央	**482**	**225**		**413**	**223**		**60130**	**16871**		**34505**	**9920**	
地　　方	**447**	**227**		**382**	**164**		**41511**	**16871**		**19211**	**10057**	
北　　京	27	17		32	18		3962	2071		1525	1176	
天　　津	10	6		25	7		3597	646		1440	345	
河　　北												
山　　西	7	3		8	1		991	129		330	35	
内 蒙 古	1	1					19	19		6	6	
辽　　宁	8	5		3	1		274	62		127	41	
吉　　林	26	6		8	1		670	153		260	62	
黑 龙 江	4	4					16	16		7	7	
上　　海	57	27		48	38		6198	4521		2487	1837	
江　　苏	35	9		23	3		2727	496		1246	317	
浙　　江	29	22		19	8		3231	807		1263	465	
安　　徽	11	10		10	9		494	474		1249	1203	
福　　建	5	4		7	6		523	437		228	198	
江　　西	16	9		11	4		1633	771		707	442	
山　　东	35	20		31	5		2157	1178		910	564	
河　　南	2	1					111	71		77	70	
湖　　北	13	7		6	3		830	267		313	196	
湖　　南	17	4		33	3		3174	412		1287	173	
广　　东	11	8		2	2		440	391		187	162	
广　　西	72	22		64	16		5927	1165		2825	709	
海　　南	1	1		2	2		171	171		176	176	
重　　庆	9	2		5	1		935	106		286	68	
四　　川	19	14		22	19		1285	885		678	561	
贵　　州	1			1			161			60		
云　　南	10	9		15	13		1335	1165		1152	1093	
西　　藏												
陕　　西	7	4		3			219	51		243	18	
甘　　肃	9	9		3	3		404	404		133	133	
青　　海	2						25			8		
宁　　夏												
新　　疆	3	3					3	3		1	1	
兵　　团												

全国各地区各类图书出版数量（续表13）

	O 数理科学、化学										
	种数（种）		租型种数（种）	总印数（万册、张）			总印张（千印张）			定价总金额（万元）		
	合计	新版		合计	新版	租型	合计	新版	租型	合计	新版	租型
全国总计	**10115**	**2693**		**5630**	**1725**		**765585**	**211430**		**228793**	**82124**	
中　央	**7036**	**1615**		**3408**	**987**		**571246**	**143631**		**150939**	**49346**	
地　方	**3079**	**1078**		**2222**	**738**		**194339**	**67799**		**77854**	**32778**	
北　京	102	62		253	101		15305	4828		7876	3318	
天　津	152	42		207	41		9291	3558		4094	1443	
河　北	8	7		1	1		160	136		51	47	
山　西	6	5		3	2		198	175		55	47	
内蒙古	10	8		1			144	83		22	18	
辽　宁	122	42		35	9		5336	1149		1514	451	
吉　林	176	95		118	23		11018	2282		2997	932	
黑龙江	223	110		38	15		6082	2775		1927	1114	
上　海	459	140		212	93		34948	13842		12370	7332	
江　苏	354	94		269	112		23322	9085		15150	6200	
浙　江	138	23		66	20		9619	2359		3039	781	
安　徽	141	48		44	14		6598	2540		2113	763	
福　建	33	12		15	10		1906	908		516	304	
江　西	53	7		31	4		3498	397		1025	148	
山　东	79	21		41	20		5264	1910		1544	804	
河　南	55	20		15	8		2405	1196		537	294	
湖　北	256	89		306	55		16869	5345		5788	2112	
湖　南	133	25		167	14		10297	2645		3474	819	
广　东	63	34		18	12		1894	1175		660	528	
广　西	30	13		37	27		3655	2612		1917	1205	
海　南	15	5		11	1		1459	162		445	53	
重　庆	90	25		28	7		4345	920		1059	282	
四　川	117	45		111	10		5830	1260		3643	471	
贵　州	4	4		116	116		2836	2836		2083	2083	
云　南	14	8		9	4		860	429		575	424	
西　藏												
陕　西	233	86		69	16		11000	3074		3327	766	
甘　肃	10	5		1	1		159	76		38	23	
青　海												
宁　夏												
新　疆	3	3		1	1		41	41		16	16	
兵　团												

全国各地区各类图书出版数量（续表 14）

	P 天文学、地球科学										
	种数（种）		租型种数（种）	总印数（万册、张）			总印张（千印张）			定价总金额（万元）		
	合计	新版		合计	新版	租型	合计	新版	租型	合计	新版	租型
全国总计	**3136**	**1847**		**1538**	**828**		**167533**	**88599**		**90639**	**57345**	
中　央	**1821**	**1079**		**651**	**377**		**83786**	**46809**		**46083**	**29704**	
地　方	**1315**	**768**		**887**	**451**		**83747**	**41790**		**44556**	**27641**	
北　京	80	54		139	73		11604	6741		8509	6056	
天　津	29	25		13	8		1636	1095		790	613	
河　北	6	5		2	1		140	108		97	58	
山　西	4	4		1	1		156	156		99	99	
内蒙古	22	11		4	4		589	518		262	134	
辽　宁	25	18		10	7		1007	761		794	705	
吉　林	106	34		27	11		2060	809		944	465	
黑龙江	52	31		11	5		781	307		346	138	
上　海	86	61		67	42		7374	4460		4679	3856	
江　苏	139	84		73	35		8029	4293		4365	2633	
浙　江	27	20		18	13		1825	1356		882	693	
安　徽	34	24		42	28		2168	1357		2033	1741	
福　建	16	12		8	6		986	817		463	394	
江　西	21	11		16	7		1696	668		754	456	
山　东	51	28		33	16		4184	2288		2282	1638	
河　南	56	43		29	24		2431	1667		947	762	
湖　北	204	114		46	18		6818	2209		2406	1054	
湖　南	64	25		77	13		9172	799		3451	582	
广　东	26	17		12	6		979	364		597	316	
广　西	73	26		65	23		3860	1784		2475	1158	
海　南	6	6		2	2		257	257		160	160	
重　庆	31	9		27	5		4037	601		1444	312	
四　川	63	36		120	79		8134	6070		3528	2421	
贵　州	9	4		15	3		1275	312		550	148	
云　南	15	12		9	8		312	254		196	164	
西　藏	1	1		1	1		84	84		19	19	
陕　西	45	30		13	5		1353	862		1144	530	
甘　肃	4	4		2	2		206	206		81	81	
青　海	6	6		1	1		78	78		49	49	
宁　夏	4	4		2	2		264	264		135	135	
新　疆	10	9		3	3		251	244		74	72	
兵　团												

全国各地区各类图书出版数量（续表15）

	Q 生物科学											
	种数（种）		租型种数（种）	总印数（万册、张）			总印张（千印张）			定价总金额（万元）		
	合计	新版		合计	新版	租型	合计	新版	租型	合计	新版	租型
全国总计	**3752**	**1722**		**2420**	**1172**		**268238**	**108799**		**117404**	**61905**	
中　　央	**2133**	**783**		**1065**	**441**		**156961**	**50184**		**60126**	**26065**	
地　　方	**1619**	**939**		**1355**	**731**		**111277**	**58615**		**57278**	**35840**	
北　　京	107	57		144	66		12548	5204		5689	3422	
天　　津	33	25		42	35		3067	2106		1231	936	
河　　北	7	4		4	2		298	199		237	209	
山　　西	10	9		5	4		372	306		173	131	
内 蒙 古	11	8		10	8		567	364		927	600	
辽　　宁	35	13		23	5		2015	545		786	242	
吉　　林	130	64		43	21		3723	1705		1825	996	
黑 龙 江	72	44		22	10		1847	757		836	495	
上　　海	133	70		73	31		7003	3033		3169	1751	
江　　苏	123	58		138	50		11780	5067		5534	2682	
浙　　江	66	28		36	24		3832	2553		1912	1380	
安　　徽	33	25		47	46		2032	1948		3204	3175	
福　　建	26	23		15	14		1546	1405		1278	1202	
江　　西	66	31		44	20		4854	1647		2025	1101	
山　　东	74	47		67	51		5050	3499		2877	2059	
河　　南	50	40		27	18		2515	1582		1936	1275	
湖　　北	85	50		26	15		3222	2150		1685	1337	
湖　　南	64	31		115	46		14067	6820		4959	2320	
广　　东	56	39		37	28		2616	1743		1693	1203	
广　　西	100	26		100	29		5510	1103		3308	1098	
海　　南	13	7		6	2		529	175		286	138	
重　　庆	31	11		12	5		1486	766		810	488	
四　　川	115	77		218	146		13436	9163		6318	4422	
贵　　州	15	11		53	19		2972	1171		1428	665	
云　　南	42	39		12	11		1164	1122		836	802	
西　　藏	2	1		1			107	89		40	36	
陕　　西	62	44		19	8		1483	771		1279	684	
甘　　肃	40	40		11	11		1179	1179		718	718	
青　　海	2	1					94	82		107	103	
宁　　夏												
新　　疆	16	16		5	5		362	362		171	171	
兵　　团												

全国各地区各类图书出版数量（续表16）

		R 医药、卫生										
		种数（种）		租型种数（种）	总印数（万册、张）			总印张（千印张）			定价总金额（万元）		
		合计	新版		合计	新版	租型	合计	新版	租型	合计	新版	租型
全国总计		22249	11371	12	13770	6782	875	1918499	776075	17917	648590	322601	7000
中　央		13443	5548		6956	2615		1308867	415161		416557	173054	
地　方		8806	5823	12	6814	4167	875	609632	360914	17917	232033	149547	7000
北　京		309	211		217	152		27908	18558		16229	12096	
天　津		934	731	2	788	191	408	65064	29872	8159	24089	11289	3265
河　北		66	42		33	22		3176	1706		1458	697	
山　西		82	31		32	10		8315	2454		2255	893	
内蒙古		82	70		18	16		2213	1825		874	792	
辽　宁		470	318		156	110		22335	15061		12498	9171	
吉　林		791	652		148	102		25764	17430		9283	6974	
黑龙江		304	289		37	22		4984	3143		2069	1562	
上　海		1167	672		1457	1292		102577	70731		35719	26169	
江　苏		628	256		584	351		49479	21019		20040	10056	
浙　江		243	95		437	107		23629	7791		8533	3157	
安　徽		146	80	2	218	51	140	9350	3130	2793	4422	2339	1117
福　建		156	113		76	36		12335	5780		4830	2887	
江　西		188	162		49	23		6750	2646		2403	1164	
山　东		197	107		78	55		9842	5134		4365	2631	
河　南		577	390		174	115		27244	18197		11038	8204	
湖　北		452	239		520	464		37367	29014		10554	8223	
湖　南		281	180		312	238		33714	16297		10488	6533	
广　东		458	305	2	634	395	85	37533	20535	2101	13895	7486	680
广　西		87	49	3	60	24	1	6572	1899	30	2703	1146	6
海　南		49	26	1	35	19	1	5100	2360	25	1904	1026	8
重　庆		107	44		52	23		7003	2541		2722	1217	
四　川		269	191		143	90		15605	8315		6398	4344	
贵　州		46	33		22	15		2220	1545		1284	999	
云　南		249	225		58	38		6493	4696		2956	2296	
西　藏		30	23		7	5		2045	1786		990	942	
陕　西		223	134		159	149		44888	43413		14307	13776	
甘　肃		43	36		7	6		1212	1082		542	504	
青　海		15	8		3	1		323	76		124	37	
宁　夏		23	23		9	9		552	552		220	220	
新　疆		134	88	2	290	37	240	8039	2325	4809	2841	718	1924
兵　团													

全国各地区各类图书出版数量（续表 17）

	S 农业科学											
	种数（种）		租型种数（种）	总印数（万册、张）			总印张（千印张）			定价总金额（万元）		
	合计	新版		合计	新版	租型	合计	新版	租型	合计	新版	租型
全国总计	**4916**	**2833**		**1534**	**718**		**162353**	**73997**		**69102**	**41957**	
中　　央	**3318**	**1742**		**966**	**444**		**109984**	**45090**		**47069**	**27274**	
地　　方	**1598**	**1091**		**568**	**274**		**52369**	**28907**		**22033**	**14683**	
北　　京	35	20		20	5		2030	516		816	347	
天　　津	36	31		14	11		1620	1414		537	468	
河　　北	37	22		9	5		1200	646		355	254	
山　　西	8	3		4	1		451	144		141	51	
内 蒙 古	37	31		4	3		595	433		265	217	
辽　　宁	37	30		7	5		906	611		299	209	
吉　　林	104	90		18	11		2127	1597		842	764	
黑 龙 江	98	94		13	13		1373	1342		741	731	
上　　海	75	42		22	8		2757	1410		1413	919	
江　　苏	109	61		58	19		3622	1509		1673	893	
浙　　江	48	37		17	15		1744	1571		1044	989	
安　　徽	29	15		17	6		1701	526		522	220	
福　　建	54	24		31	9		2853	1045		1149	557	
江　　西	30	18		23	4		1940	491		604	253	
山　　东	26	20		9	6		1174	956		679	593	
河　　南	107	72		45	13		3433	1468		1281	795	
湖　　北	81	50		29	13		3220	1448		1757	986	
湖　　南	63	46		42	31		3971	3336		1557	1310	
广　　东	45	25		13	7		1107	615		633	423	
广　　西	46	24		36	13		2000	711		1015	430	
海　　南	7	6		3	2		469	131		143	110	
重　　庆	46	16		19	15		1808	1052		538	355	
四　　川	81	50		25	16		2348	1181		1090	771	
贵　　州	41	37		13	12		869	822		362	339	
云　　南	90	63		19	7		1813	844		802	512	
西　　藏	10			5			135			76		
陕　　西	86	72		14	9		1760	1207		578	442	
甘　　肃	38	37		6	5		729	697		278	270	
青　　海	20	8		3	1		332	87		89	34	
宁　　夏	30	27		5	4		705	616		319	294	
新　　疆	41	18		25	5		1411	453		396	129	
兵　　团	3	2		1			167	29		40	18	

全国各地区各类图书出版数量（续表18）

					T 工业技术							
		种数（种）		租型种数（种）	总印数（万册、张）			总印张（千印张）			定价总金额（万元）		
		合计	新版		合计	新版	租型	合计	新版	租型	合计	新版	租型
全国总计		52908	19896		16040	6209		2758131	1036752		897326	428091	
中　　央		40991	13486		12349	4534		2222866	800833		699144	318602	
地　　方		11917	6410		3691	1675		535265	235919		198182	109489	
北　　京		343	235		166	99		27973	16897		11209	7535	
天　　津		415	219		104	48		17753	7774		6294	3135	
河　　北		63	53		27	17		2747	2035		1087	942	
山　　西		29	28		6	6		1168	1147		431	424	
内 蒙 古		30	22		5	2		593	416		247	180	
辽　　宁		781	353		194	79		28634	10486		11077	5137	
吉　　林		660	587		110	72		14490	9156		5661	4180	
黑 龙 江		656	466		72	46		11992	7252		3300	2367	
上　　海		1308	644		515	205		84131	31971		30951	17457	
江　　苏		1373	658		459	178		63319	23912		23899	11774	
浙　　江		338	161		103	64		12659	7277		5293	3670	
安　　徽		218	103		61	32		8032	3791		3824	2691	
福　　建		118	60		56	18		8410	2542		3183	1615	
江　　西		109	73		59	31		8708	4081		3022	1516	
山　　东		362	166		206	91		30289	13110		9924	4788	
河　　南		531	336		131	77		16179	9569		6529	4358	
湖　　北		1276	584		266	117		45439	19345		16373	9128	
湖　　南		312	178		138	77		20284	11756		7360	4787	
广　　东		410	171		214	104		26589	7520		9667	4108	
广　　西		113	66		128	36		9939	3518		5966	2898	
海　　南		48	24		25	9		3215	1191		1546	775	
重　　庆		565	148		137	39		20418	5835		6254	2157	
四　　川		669	375		248	91		30525	14818		11871	5896	
贵　　州		17	13		5	4		426	359		203	186	
云　　南		125	107		35	28		5373	4609		3065	2774	
西　　藏		7	3		2	1		152	84		45	25	
陕　　西		972	535		201	92		34206	14327		9244	4433	
甘　　肃		16	11		2	2		278	219		143	128	
青　　海		2	2					8	8		3	3	
宁　　夏		17	16		6	6		712	643		346	330	
新　　疆		33	12		9	3		621	270		165	91	
兵　　团		1	1					2	2		1	1	

全国各地区各类图书出版数量（续表19）

	种数（种）合计	种数（种）新版	租型种数（种）	总印数（万册、张）合计	总印数（万册、张）新版	总印数（万册、张）租型	总印张（千印张）合计	总印张（千印张）新版	总印张（千印张）租型	定价总金额（万元）合计	定价总金额（万元）新版	定价总金额（万元）租型
					U 交通运输							
全国总计	6054	2741		1903	778		267910	114143		95227	48777	
中　央	4259	1725		1358	535		198283	82169		69168	35342	
地　方	1795	1016		545	243		69627	31974		26059	13435	
北　京	56	45		43	28		2723	1739		1697	1045	
天　津	46	33		4	3		665	453		211	153	
河　北	13	6		5			192	41		142	15	
山　西	7	7		1	1		69	69		31	31	
内蒙古	1						6			2		
辽　宁	272	141		61	36		10839	6221		3434	2044	
吉　林	72	54		16	6		2032	772		686	335	
黑龙江	132	88		13	7		1956	1068		578	385	
上　海	250	133		98	41		15231	5715		4372	2162	
江　苏	118	54		27	9		4000	1572		1983	599	
浙　江	15	3		27	1		1866	94		742	90	
安　徽	27	11		25	7		905	359		841	395	
福　建	5	2		7	5		655	300		1202	903	
江　西	5	3		6	1		133	65		144	63	
山　东	40	16		16	8		2577	1497		844	498	
河　南	51	45		14	12		1572	1386		455	410	
湖　北	70	43		10	6		1393	969		443	325	
湖　南	41	30		14	6		1975	1093		841	551	
广　东	18	5		3	1		356	105		405	289	
广　西	9	7		10	8		369	292		396	301	
海　南	1	1					10	10		2	2	
重　庆	82	35		44	7		5456	918		1761	345	
四　川	373	173		76	29		11348	4123		3546	1547	
贵　州	3	3		2	2		230	230		77	77	
云　南	12	11		1	1		124	118		51	47	
西　藏												
陕　西	71	63		21	18		2868	2716		1139	801	
甘　肃	4	4					48	48		21	21	
青　海												
宁　夏												
新　疆	1						30			14		
兵　团												

全国各地区各类图书出版数量（续表20）

	V 航空、航天											
	种数（种）		租型种数（种）	总印数（万册、张）			总印张（千印张）			定价总金额（万元）		
	合计	新版		合计	新版	租型	合计	新版	租型	合计	新版	租型
全国总计	**862**	**455**		**264**	**116**		**34127**	**15443**		**15936**	**8819**	
中　央	**609**	**311**		**170**	**72**		**23763**	**10599**		**10913**	**5925**	
地　方	**253**	**144**		**94**	**44**		**10364**	**4844**		**5023**	**2894**	
北　京	14	7		15	7		1085	389		614	295	
天　津	3			2			136			135		
河　北	2	2					28	28		12	12	
山　西	2	2		1	1		124	124		30	30	
内蒙古												
辽　宁	6	2		2	1		164	37		105	58	
吉　林	9	4		2	1		202	143		88	63	
黑龙江	16	13		1	1		283	271		117	113	
上　海	33	30		9	5		1427	1312		987	912	
江　苏	11	7		5	1		327	82		162	34	
浙　江	3	2		1	1		116	59		80	68	
安　徽	10	6		9	7		494	385		458	417	
福　建	1			1			32			13		
江　西	1	1					3	3		1	1	
山　东	2	1		1	1		139	80		51	36	
河　南	3	3		1	1		44	44		35	35	
湖　北	5	5		1	1		133	133		72	72	
湖　南	9	4		3			441	68		169	27	
广　东												
广　西	5	1		4	1		240	22		146	24	
海　南												
重　庆												
四　川	37	15		12	4		2059	441		647	190	
贵　州												
云　南	4	2		5	2		381	199		139	72	
西　藏												
陕　西	75	35		18	8		2486	1003		950	423	
甘　肃	1	1					21	21		11	11	
青　海												
宁　夏												
新　疆	1	1										
兵　团												

全国各地区各类图书出版数量（续表21）

	种数（种）合计	种数（种）新版	租型种数（种）	总印数（万册、张）合计	总印数（万册、张）新版	总印数（万册、张）租型	总印张（千印张）合计	总印张（千印张）新版	总印张（千印张）租型	定价总金额（万元）合计	定价总金额（万元）新版	定价总金额（万元）租型
	\multicolumn{12}{c	}{X 环境科学}
全国总计	2607	1590		1408	900		126024	75252		47418	31163	
中　央	1767	967		597	332		74645	38590		29384	17929	
地　方	840	623		811	568		51379	36662		18034	13234	
北　京	22	16		13	9		1061	736		523	390	
天　津	30	22		5	2		768	388		292	168	
河　北	8	8		1	1		122	122		37	37	
山　西	10	10		5	5		298	298		191	191	
内 蒙 古	13	13		6	6		429	429		166	166	
辽　宁	27	12		33	2		2436	209		618	114	
吉　林	127	112		38	32		1958	1383		1501	1268	
黑 龙 江	45	34		9	7		627	307		211	141	
上　海	69	56		17	10		2224	1594		942	759	
江　苏	78	51		63	32		5246	2751		1695	1006	
浙　江	42	23		81	11		3234	1194		1271	472	
安　徽	15	9		12	7		877	364		534	389	
福　建	17	11		47	21		1457	1038		778	432	
江　西	21	16		17	7		1076	467		558	405	
山　东	24	16		8	5		671	379		264	190	
河　南	27	24		6	5		579	525		220	205	
湖　北	65	47		360	357		21150	20612		4989	4866	
湖　南	15	11		10	5		932	290		545	305	
广　东	32	17		20	6		1497	619		676	315	
广　西	23	18		10	6		772	469		475	369	
海　南	3	3					69	69		18	18	
重　庆	6	3		1	1		69	40		35	28	
四　川	46	31		18	8		1667	883		626	398	
贵　州	6	3		3	2		185	150		56	41	
云　南	20	20		12	12		506	506		208	208	
西　藏	1	1					10	10		4	4	
陕　西	29	20		8	3		750	202		387	173	
甘　肃	2	2					4	4		4	4	
青　海	4	4		1	1		100	100		27	27	
宁　夏	3	2		1	1		165	157		66	62	
新　疆	9	7		7	4		430	356		113	80	
兵　团	1	1					11	11		3	3	

全国各地区各类图书出版数量（续表22）

	Z 综合性图书										
	种数（种）		租型种数（种）	总印数（万册、张）			总印张（千印张）			定价总金额（万元）		
	合计	新版		合计	新版	租型	合计	新版	租型	合计	新版	租型
全国总计	**4467**	**3658**		**2560**	**1384**		**310059**	**196096**		**173112**	**123046**	
中　　央	**1340**	**1063**		**921**	**410**		**102555**	**55051**		**70671**	**44297**	
地　　方	**3127**	**2595**		**1639**	**974**		**207504**	**141045**		**102441**	**78749**	
北　　京	80	48		118	43		17466	2960		6521	2958	
天　　津	89	61		39	18		5025	2913		2635	1531	
河　　北	116	116		12	12		3431	3431		3124	3124	
山　　西	75	75		7	7		1811	1811		1391	1391	
内 蒙 古	25	24		2	2		586	577		372	369	
辽　　宁	118	107		18	13		3466	2673		1929	1629	
吉　　林	220	134		90	26		8798	3261		3678	2085	
黑 龙 江	96	82		15	8		1541	1070		895	725	
上　　海	116	73		160	65		56821	42801		14066	10123	
江　　苏	164	127		118	22		8412	4015		5252	3539	
浙　　江	74	45		295	267		20023	15368		9685	8208	
安　　徽	179	158		36	18		4907	3341		2848	2256	
福　　建	76	76		11	11		2343	2343		1679	1679	
江　　西	123	79		97	67		10599	6803		4525	3173	
山　　东	36	24		39	33		4115	3787		2129	1929	
河　　南	291	287		32	31		9438	9279		7626	7554	
湖　　北	109	99		177	120		5638	3801		3318	2559	
湖　　南	24	11		32	20		3727	1619		1617	634	
广　　东	102	91		33	17		4347	3429		2652	2272	
广　　西	146	65		127	35		6656	2993		8448	4777	
海　　南	43	40		14	11		1777	1413		900	823	
重　　庆	19	17		7	7		1065	1016		476	458	
四　　川	145	127		61	43		7589	4467		3645	2539	
贵　　州	42	41		14	14		1089	1069		1188	1179	
云　　南	281	278		37	34		8135	7872		6338	6259	
西　　藏	9	9		1	1		192	192		119	119	
陕　　西	106	101		14	11		2273	2077		1877	1736	
甘　　肃	89	87		8	8		2497	2471		1561	1554	
青　　海	16	16		1	1		340	340		250	250	
宁　　夏	29	28		7	2		1543	630		654	520	
新　　疆	37	17		13	3		882	252		383	137	
兵　　团	52	52		5	5		972	972		660	660	

全国各地区各类图书出版数量（续表23）

	（二）不使用《中国标准书号》部分——图片合计											
	种数（种）		租型种数（种）	总印数（万册、张）			总印张（千印张）			定价总金额（万元）		
	合计	新版		合计	新版	租型	合计	新版	租型	合计	新版	租型
全国总计	**337**	**167**		**355**	**273**		**5360**	**3455**		**3196**	**2193**	
中　央	**208**	**124**		**307**	**241**		**2533**	**2043**		**1686**	**1376**	
地　方	**129**	**43**		**48**	**32**		**2827**	**1412**		**1510**	**817**	
北　京												
天　津												
河　北												
山　西												
内蒙古												
辽　宁												
吉　林												
黑龙江												
上　海												
江　苏	43			10			1256			469		
浙　江	58	22		11	5		164	60		629	436	
安　徽												
福　建	7	7		20	20		120	120		127	127	
江　西												
山　东												
河　南												
湖　北												
湖　南												
广　东	5	5					924	924		28	28	
广　西	4	4		1	1		95	95		81	81	
海　南												
重　庆												
四　川												
贵　州												
云　南	3						28			15		
西　藏												
陕　西												
甘　肃	4						27			16		
青　海												
宁　夏												
新　疆	5	5		6	6		213	213		145	145	
兵　团												

全国各地区各类图书

		不使用《中国标准书号》部分——附录合计							国标（GB）、部标（BB）		
		总印数（万册、张）			总印张（千印张）			定价总金额（万元）			总印数（万册、张）		
		合计	新版	租型	合计	新版	租型	合计	新版	租型	合计	新版	租型
全国总计		5913	879		568121	42020		104061	29887		1059	562	
中　　央		5818	811		562164	37265		100849	27061		1035	539	
地　　方		95	68		5957	4755		3212	2826		24	23	
北　　京													
天　　津													
河　　北													
山　　西													
内　蒙　古													
辽　　宁													
吉　　林													
黑　龙　江													
上　　海													
江　　苏		26	12		1366	577		416	272		11	10	
浙　　江		48	41		3835	3550		2217	2006				
安　　徽													
福　　建		1	1		32	32		61	61				
江　　西													
山　　东													
河　　南													
湖　　北													
湖　　南													
广　　东		6			103			23					
广　　西													
海　　南													
重　　庆													
四　　川		13	13		541	541		473	473		13	13	
贵　　州													
云　　南		1	1		40	40		10	10				
西　　藏													
陕　　西					40	15		12	4				
甘　　肃													
青　　海													
宁　　夏													
新　　疆													
兵　　团													

出版数量（续表24）

等标准类文件印品					活页文选、活页歌篇、小件印品等						
总印张（千印张）			定价总金额（万元）			总印数（万册、张）			总印张（千印张）			定价总金额（万元）		
合计	新版	租型	合计	新版	租型	合计	新版	租型	合计	新版	租型	合计	新版	租型
55562	27131		39094	22231		4854	317		512559	14889		64967	7656	
54693	26290		38324	21486		4783	272		507471	10975		62525	5575	
869	841		770	745		71	45		5088	3914		2442	2081	
328	300		297	272		15	2		1038	277		119		
						48	41		3835	3550		2217	2006	
						1	1		32	32		61	61	
						6			103			23		
541	541		473	473										
						1	1		40	40		10	10	
									40	15		12	4	

全国各类少年儿童读物出版数量

	种数（种）合计	种数（种）新版	租型种数（种）	总印数(万册、张)合计	总印数(万册、张)新版	总印数(万册、张)租型	总印张（千印张）合计	总印张（千印张）新版	总印张（千印张）租型	定价总金额（万元）合计	定价总金额（万元）新版	定价总金额（万元）租型
图书总计	42517	18565		90432	36913		5023408	1865682		2490180	1109875	
（一）使用《中国标准书号》部分合计	42517	18565		90432	36913		5023408	1865682		2490180	1109875	
A 马克思主义、列宁主义、毛泽东思想	10	1		13			1513	21		541	8	
B 哲学	320	123		518	208		41613	16872		16395	7408	
C 社会科学总论	48	25		47	29		3953	1982		1818	1248	
D 政治、法律	164	70		497	371		22373	12166		8099	5227	
E 军事	125	57		296	205		16715	8309		5740	2886	
F 经济	42	16		108	27		5825	2266		4176	1790	
G 文化、科学、教育、体育	8974	4193		23153	11548		800416	345354		703897	373694	
H 语言、文字	1545	566		4355	1156		181994	58116		101292	43660	
I 文学	22466	9679		44878	15925		2882291	1020595		1127717	437399	
J 艺术	2902	1199		5993	2519		374007	138167		150980	64877	
K 历史、地理	1655	750		2936	1526		236226	95636		103394	51897	
N 自然科学总论	255	122		407	219		27374	9956		16149	8820	
O 数理科学、化学	576	188		1765	568		76509	24762		48648	18004	
P 天文学、地球科学	525	225		634	264		42271	14610		25702	10471	
Q 生物科学	1032	492		1381	676		96672	37470		52514	25403	
R 医药、卫生	242	132		443	252		17987	8856		12802	7231	
S 农业科学	118	47		198	129		9885	5467		4633	3204	
T 工业技术	309	166		455	202		26080	8964		18075	9329	
U 交通运输	123	66		174	79		7523	3224		8832	4697	
V 航空、航天	70	25		61	26		5068	1461		3223	1327	
X 环境科学	216	142		255	129		12510	5711		7833	4393	
Z 综合性图书	800	281		1865	855		134603	45717		67720	26902	
（二）不使用《中国标准书号》部分合计												
1. 图片												
2. 国标(GB)、部标(BB)等标准类文件印品												
3. 活页文选、活页歌篇、小件印品等												

全国各地区少年儿童读物出版数量

	种数（种）		租型种数（种）	总印数（万册、张）			总印张（千印张）			定价总金额（万元）		
	合计	新版		合计	新版	租型	合计	新版	租型	合计	新版	租型
全国总计	**42517**	**18565**		**90432**	**36913**		**5023408**	**1865682**		**2490180**	**1109875**	
中　央	**10852**	**4790**		**25714**	**11496**		**1359241**	**507374**		**698840**	**306093**	
地　方	**31665**	**13775**		**64718**	**25417**		**3664167**	**1358308**		**1791340**	**803782**	
北　京	2395	1015		5538	2600		359977	136840		164088	83034	
天　津	883	324		1576	586		77525	23212		39629	15947	
河　北	913	310		2125	351		92740	24964		61001	13902	
山　西	124	97		95	82		10080	8850		4361	4016	
内蒙古	278	127		122	63		4876	3022		2174	1470	
辽　宁	1004	516		1508	523		107160	32034		36572	16381	
吉　林	3076	1418		3341	809		157002	54993		62703	24113	
黑龙江	865	577		522	348		28839	16895		15286	10062	
上　海	1272	575		7338	4977		254036	99431		265766	176811	
江　苏	1913	885		2965	1234		207714	79032		94326	41727	
浙　江	2158	787		3784	1258		280393	87698		100478	40123	
安　徽	1456	484		3158	955		190915	60851		85421	34178	
福　建	606	305		776	444		58773	35009		25855	15406	
江　西	2439	1025		5423	1842		260360	82158		122007	45304	
山　东	2048	872		4551	1693		274451	108967		126639	51429	
河　南	465	191		1018	352		30825	10913		14922	6371	
湖　北	1170	452		2315	593		188510	49545		54516	16292	
湖　南	1131	456		3622	1544		308189	171421		95920	50273	
广　东	654	316		1699	711		68260	32265		41898	23154	
广　西	1978	666		2797	769		127267	41271		81906	29254	
海　南	160	50		182	53		9982	2752		5132	1873	
重　庆	216	109		187	42		7568	2952		3917	1291	
四　川	2260	1177		4957	2150		307343	120565		123027	54480	
贵　州	272	75		2005	225		73927	7723		38796	6292	
云　南	644	379		1161	590		75771	31943		30560	16523	
西　藏	47	31		23	15		864	529		356	242	
陕　西	551	189		1070	281		35174	7714		62860	11931	
甘　肃	399	148		586	137		40840	11915		23182	6113	
青　海	8			2			101			32		
宁　夏	84	59		129	62		18280	7323		5219	3267	
新　疆	186	150		138	123		6117	5213		2677	2409	
兵　团	10	10		5	5		308	308		114	114	

全国课本出版数量

	种数（种） 合计	种数（种） 新版	租型种数（种）	总印数（万册、张） 合计	总印数（万册、张） 租型	总印张（千印张） 合计	总印张（千印张） 租型	定价总金额（万元） 合计	定价总金额（万元） 租型
课本合计	84809	18875	8715	379060	185584	29321615	13641244	4194335	1429806
（1）大专及以上课本	61565	15196		29062		5194080		1259275	
（2）中专、技校课本	7184	1111		7719		1031861		217715	
（3）中学课本	5411	746	5082	168713	97808	13316226	8187162	1425337	839220
（4）小学课本	4933	590	3481	169527	87707	9109653	5444691	1105595	587861
（5）业余教育课本	1904	600		1347		253749		67307	
（6）扫盲课本	2					6		3	
（7）教学用书	3810	632	152	2692	69	416040	9391	119103	2725

全国课本出版数量与上年相比增减百分比

	种数 合计	种数 新版	租型种数	总印数 合计	总印数 租型	总印张 合计	总印张 租型	定价总金额 合计	定价总金额 租型
课本合计	-2.71	-5.10	1.16	1.03	5.90	-0.28	7.55	0.50	8.22
（1）大专及以上课本	-3.05	-3.74		-6.20		-7.57		-3.54	
（2）中专、技校课本	2.48	-20.59		11.55		13.33		16.67	
（3）中学课本	-0.11	8.43	3.67	-1.61	3.48	0.18	6.14	1.27	7.11
（4）小学课本	-0.26	-11.01	-1.28	5.36	8.72	4.24	9.71	4.79	9.76
（5）业余教育课本	-8.20	-4.76		-28.73		-30.22		-29.20	
（6）扫盲课本	-71.43	-100.00		-100.00		-90.77		-83.33	
（7）教学用书	-9.67	-12.47	-18.72	-10.95	27.78	-13.13	34.23	-3.88	28.90

课本出版数量

中央出版社

	种数（种）		租型种数（种）	总印数（万册、张）		总印张（千印张）		定价总金额（万元）	
	合计	新版		合计	租型	合计	租型	合计	租型
课本合计	51612	10099	11	92852	34	9189455	3125	1711135	243
（1）大专及以上课本	40339	8346		21239		3964916		937251	
（2）中专、技校课本	5835	729		6679		905535		189372	
（3）中学课本	1687	237	11	33756	34	2540793	3125	280290	243
（4）小学课本	1078	121		28154		1259546		163704	
（5）业余教育课本	1406	428		1063		198948		54207	
（6）扫盲课本									
（7）教学用书	1267	238		1961		319717		86311	

课本出版数量与上年相比增减百分比

中央出版社

	种数		租型种数	总印数		总印张		定价总金额	
	合计	新版		合计	租型	合计	租型	合计	租型
课本合计	0.25	0.56	−47.62	−3.84	−79.14	−6.72	−73.10	−1.79	−78.83
（1）大专及以上课本	−0.31	3.19		−4.54		−5.99		−1.99	
（2）中专、技校课本	5.31	−20.41		14.68		15.55		19.29	
（3）中学课本	−2.43	3.95	−47.62	−12.93	−79.14	−13.50	−73.10	−10.55	−78.83
（4）小学课本	1.89	−15.97		7.06		−4.13		1.69	
（5）业余教育课本	−3.03	−6.14		−27.34		−30.44		−26.31	
（6）扫盲课本									
（7）教学用书	2.26	12.80		0.36		2.31		8.88	

课本出版数量（续表）

地方出版社

	种数（种）		租型种数（种）	总印数（万册、张）		总印张（千印张）		定价总金额（万元）	
	合计	新版		合计	租型	合计	租型	合计	租型
课本合计	33197	8776	8704	286208	185550	20132160	13638119	2483200	1429563
（1）大专及以上课本	21226	6850		7823		1229164		322024	
（2）中专、技校课本	1349	382		1040		126326		28343	
（3）中学课本	3724	509	5071	134957	97774	10775433	8184037	1145047	838977
（4）小学课本	3855	469	3481	141373	87707	7850107	5444691	941891	587861
（5）业余教育课本	498	172		284		54801		13100	
（6）扫盲课本	2					6		3	
（7）教学用书	2543	394	152	731	69	96323	9391	32792	2725

课本出版数量与上年相比增减百分比（续表）

地方出版社

	种数		租型种数	总印数		总印张		定价总金额	
	合计	新版		合计	租型	合计	租型	合计	租型
课本合计	-6.99	-10.88	1.28	2.72	5.98	2.96	7.62	2.13	8.30
（1）大专及以上课本	-7.86	-11.03		-10.42		-12.33		-7.77	
（2）中专、技校课本	-8.17	-20.91		-5.11		-0.39		1.74	
（3）中学课本	0.98	10.65	3.89	1.70	3.63	4.06	6.26	4.65	7.24
（4）小学课本	-0.85	-9.63	-1.28	5.03	8.72	5.72	9.71	5.34	9.76
（5）业余教育课本	-20.19	-1.15		-33.49		-29.42		-39.10	
（6）扫盲课本	-71.43	-100.00		-100.00		-90.77		-83.33	
（7）教学用书	-14.64	-22.90	-18.72	-31.62	27.78	-42.13	34.23	-26.54	28.90

全国各地区课本出版总量

	课本合计								
	种数（种）		租型种数（种）	总印数（万册、张）		总印张（千印张）		定价总金额（万元）	
	合计	新版		合计	租型	合计	租型	合计	租型
全国总计	**84809**	**18875**	**8715**	**379060**	**185584**	**29321615**	**13641244**	**4194335**	**1429806**
中　　央	**51612**	**10099**	**11**	**92852**	**34**	**9189455**	**3125**	**1711135**	**243**
地　　方	**33197**	**8776**	**8704**	**286208**	**185550**	**20132160**	**13638119**	**2483200**	**1429563**
北　　京	832	282	147	2343	1416	205649	115407	25670	11032
天　　津	330	64	194	1645	1263	120487	94004	13942	9626
河　　北	277	22	211	14183	8105	965797	634494	104953	63717
山　　西	185	14	238	5226	4034	365996	310545	42668	32016
内 蒙 古	854	83	275	4157	2868	298530	211760	29598	21500
辽　　宁	2432	552	242	6281	3724	501554	302096	75507	35150
吉　　林	593	157	302	4553	3291	331595	265028	34092	25617
黑 龙 江	903	414	276	3248	2709	240987	206546	30580	22191
上　　海	6411	1579	51	14223	721	1221360	55875	230658	8550
江　　苏	3415	822	231	23758	8777	1605460	632603	208342	66735
浙　　江	1398	257	286	13742	7934	887849	540577	115480	61033
安　　徽	751	197	703	14689	12732	1077107	964875	134133	110708
福　　建	321	76	210	6123	4427	429106	329391	50320	34338
江　　西	376	122	233	9234	7848	710785	616004	80522	61967
山　　东	1268	222	372	20335	13329	1405963	929186	165405	103114
河　　南	1139	403	302	23525	16351	1530006	1228804	164426	114488
湖　　北	1919	604	369	8363	7271	657386	547767	87254	62091
湖　　南	756	185	322	15967	10894	1014889	731402	133407	83429
广　　东	1717	404	129	24432	11314	1582663	832239	199719	83304
广　　西	466	65	271	11193	8196	767923	607630	80245	59545
海　　南	26	16	278	1896	1789	119631	115384	13273	12592
重　　庆	2124	485	316	6802	4004	486580	294608	69418	32983
四　　川	2082	838	490	11943	10036	866848	706746	99995	73032
贵　　州	98	9	280	7853	7201	553429	528374	53575	50211
云　　南	217	78	258	8556	6837	592541	519043	57193	48321
西　　藏	104	9	239	1076	868	80348	63905	10014	8066
陕　　西	1905	777	505	7689	5831	577346	415316	69333	40918
甘　　肃	52	14	234	3593	3516	270174	264268	27741	27536
青　　海	143		240	1078	927	81562	67715	8438	7487
宁　　夏	17	8	190	1043	989	77714	74800	9470	9149
新　　疆	86	18	310	7459	6348	504895	431727	57829	49117
兵　　团									

全国各地区各类课本出版数量

	大专及以上课本							
	种数（种）		租型种数（种）	总印数（万册、张）		总印张（千印张）		定价总金额（万元）	
	合计	新版		合计	租型	合计	租型	合计	租型
全国总计	61565	15196		29062		5194080		1259275	
中　央	40339	8346		21239		3964916		937251	
地　方	21226	6850		7823		1229164		322024	
北　京	404	226		93		14956		4001	
天　津	289	52		58		9648		2429	
河　北	11			5		781		201	
山　西									
内蒙古	42	19		10		2253		288	
辽　宁	2015	445		597		96428		25307	
吉　林	192	96		56		8952		2489	
黑龙江	800	396		99		17694		4491	
上　海	4097	1126		3288		500182		133807	
江　苏	2530	717		690		105234		29107	
浙　江	821	186		169		26925		6990	
安　徽	524	173		145		23566		6014	
福　建	221	58		85		16753		3466	
江　西	258	96		161		25605		6005	
山　东	380	101		140		22893		5353	
河　南	775	324		184		30624		7573	
湖　北	1733	570		387		65253		17019	
湖　南	424	136		171		25669		7022	
广　东	662	146		171		27961		6839	
广　西	148	43		121		17976		3910	
海　南									
重　庆	1365	378		336		51791		14903	
四　川	1729	762		359		54363		14997	
贵　州	3	2		12		1456		270	
云　南	33	21		7		984		290	
西　藏									
陕　西	1735	764		439		72398		17847	
甘　肃	34	12		4		668		137	
青　海									
宁　夏									
新　疆	1	1		36		8151		1269	
兵　团									

全国各地区各类课本出版数量（续表1）

	中专、技校课本							
	种数（种）		租型种数（种）	总印数（万册、张）		总印张（千印张）		定价总金额（万元）	
	合计	新版		合计	租型	合计	租型	合计	租型
全国总计	7184	1111		7719		1031861		217715	
中　央	5835	729		6679		905535		189372	
地　方	1349	382		1040		126326		28343	
北　京	7	5		10		1304		285	
天　津									
河　北	1			3		332		91	
山　西									
内蒙古									
辽　宁	28	5		8		1106		254	
吉　林	51	5		76		5448		411	
黑龙江	12	12		1		81		25	
上　海	302	56		179		24006		5177	
江　苏	199	27		411		49656		10641	
浙　江	50	4		73		8307		1769	
安　徽	8	6		2		313		106	
福　建									
江　西	15	6		11		1313		314	
山　东	70	34		33		4308		1184	
河　南	22	16		9		786		296	
湖　北	46	24		12		1865		501	
湖　南	24	6		16		1769		398	
广　东	89	42		60		8231		1948	
广　西	21	2		8		1077		259	
海　南									
重　庆	336	80		108		13605		3914	
四　川	65	50		20		2800		766	
贵　州									
云　南									
西　藏									
陕　西	2	2				7		2	
甘　肃	1					12		2	
青　海									
宁　夏									
新　疆									
兵　团									

- 63 -

全国各地区各类课本出版数量（续表2）

	中学课本								
	种数（种）		租型种数（种）	总印数（万册、张）		总印张（千印张）		定价总金额（万元）	
	合计	新版		合计	租型	合计	租型	合计	租型
全国总计	**5411**	**746**	**5082**	**168713**	**97808**	**13316226**	**8187162**	**1425337**	**839220**
中　　央	**1687**	**237**	**11**	**33756**	**34**	**2540793**	**3125**	**280290**	**243**
地　　方	**3724**	**509**	**5071**	**134957**	**97774**	**10775433**	**8184037**	**1145047**	**838977**
北　　京	64	6	95	909	741	81425	68749	7903	6448
天　　津	16	7	102	770	635	62518	53631	6198	5367
河　　北	50	2	116	5820	4322	501957	381442	50523	37245
山　　西	60		146	2954	2346	232806	203865	24754	20066
内 蒙 古	370	18	185	2184	1562	184321	134701	17281	12933
辽　　宁	70	12	143	2866	2305	237647	207705	28965	24944
吉　　林	177	36	165	2348	1968	195411	174683	19136	16998
黑 龙 江	29	3	150	1742	1566	140863	132595	15863	13880
上　　海	672	153	31	5372	338	414694	27581	48641	3998
江　　苏	220	28	125	11591	5202	869441	409977	84450	40770
浙　　江	183	26	164	5544	3187	458950	274342	51117	29007
安　　徽	93	7	424	7441	7075	638520	619876	74720	69444
福　　建	38	4	104	2434	2065	199665	177648	21276	17823
江　　西	40	11	160	5091	4574	432818	399148	45072	39076
山　　东	244	24	232	10595	7285	807875	546367	91678	62735
河　　南	121	13	170	11243	8691	862381	738973	82324	65845
湖　　北	46	4	191	3918	3662	346424	330631	39827	37066
湖　　南	85	10	212	8085	6345	584599	466127	69012	53188
广　　东	428	96	54	9518	4646	764776	388526	87158	38553
广　　西	138	7	145	5483	4127	425017	353835	40772	32786
海　　南	14	6	153	893	820	64607	62350	6978	6688
重　　庆	141	9	196	3121	2498	229160	199564	28372	23380
四　　川	110	8	273	6477	5483	509142	444677	51831	45006
贵　　州	34		169	3751	3556	313758	304336	28616	27598
云　　南	53	7	139	3970	3385	336367	304528	30329	27136
西　　藏	17	3	147	499	451	44690	38493	5360	4722
陕　　西	82	5	286	3414	2833	282751	243095	27554	22671
甘　　肃	8	1	146	2052	2003	170434	166579	17616	17616
青　　海	79		136	529	462	47797	39312	4988	4425
宁　　夏	5	2	123	557	542	46967	45880	5707	5591
新　　疆	37	1	189	3786	3099	287652	244821	31026	25972
兵　　团									

全国各地区各类课本出版数量（续表3）

	小学课本 种数（种）合计	种数（种）新版	租型种数（种）	总印数（万册、张）合计	总印数 租型	总印张（千印张）合计	总印张 租型	定价总金额（万元）合计	定价总金额 租型
全国总计	4933	590	3481	169527	87707	9109653	5444691	1105595	587861
中　央	1078	121		28154		1259546		163704	
地　方	3855	469	3481	141373	87707	7850107	5444691	941891	587861
北　京	97	2	52	1227	675	78150	46658	8083	4583
天　津	18	5	92	815	627	48240	40373	5281	4259
河　北	112	7	95	8320	3783	458054	253052	52676	26472
山　西	114	10	92	2268	1689	133050	106679	17885	11949
内 蒙 古	288	27	90	1959	1306	111367	77059	12002	8568
辽　宁	136	35	99	2761	1418	158153	94390	18679	10205
吉　林	154	11	130	2069	1323	121402	90216	11998	8619
黑 龙 江	38	2	116	1399	1142	81521	73844	10091	8298
上　海	509	92	20	5192	383	249048	28295	34256	4553
江　苏	181	7	64	10885	3540	557944	217594	75569	24486
浙　江	240	24	118	7923	4747	389392	266235	54421	32026
安　徽	107	9	235	7087	5655	413055	344713	52726	41007
福　建	49	8	106	3599	2362	212338	151743	25457	16516
江　西	54	9	73	3964	3274	250652	216856	28872	22891
山　东	291	19	140	9487	6043	559137	382819	63714	40379
河　南	134	14	132	12077	7659	634188	489832	73037	48643
湖　北	88	6	143	4013	3579	239660	213464	28819	24065
湖　南	66	2	110	7574	4549	391769	265275	51076	30241
广　东	315	56	74	14634	6669	776085	443695	100965	44748
广　西	125	9	124	5575	4069	323365	253785	35212	26757
海　南	8	6	125	1001	970	54679	53034	6174	5905
重　庆	224	10	120	3189	1507	186842	95044	20397	9603
四　川	86	13	217	5082	4553	299882	262069	32221	28027
贵　州	60	6	111	4090	3645	238212	224038	24687	22613
云　南	123	50	119	4578	3452	255150	214515	26567	21184
西　藏	55	4	85	570	416	34977	25276	4594	3333
陕　西	76	6	219	3830	2999	221585	172221	23769	18247
甘　肃	9	1	88	1537	1512	99059	97688	9985	9921
青　海	41		104	547	465	33616	28403	3442	3061
宁　夏	12	6	67	486	447	30747	28920	3763	3557
新　疆	45	13	121	3635	3249	208788	186906	25473	23145
兵　团									

全国各地区各类课本出版数量（续表4）

	业余教育课本							
	种数（种）		租型种数（种）	总印数（万册、张）		总印张（千印张）		定价总金额（万元）	
	合计	新版		合计	租型	合计	租型	合计	租型
全国总计	1904	600		1347		253749		67307	
中　央	1406	428		1063		198948		54207	
地　方	498	172		284		54801		13100	
北　京	115	21		79		25973		4457	
天　津									
河　北									
山　西									
内 蒙 古									
辽　宁	120	48		41		6929		1991	
吉　林	7	4		1		80		39	
黑 龙 江									
上　海	24	2		15		1701		859	
江　苏	73	23		47		6048		1711	
浙　江	6	1		6		843		115	
安　徽	13	2		9		1280		297	
福　建									
江　西									
山　东	37	24		16		2925		846	
河　南	48	27		9		1629		524	
湖　北	4			4		464		122	
湖　南	11	1		7		1243		336	
广　东	15	7		6		936		315	
广　西									
海　南	4	4		2		345		120	
重　庆	12	4		40		4216		1317	
四　川	8	3		2		185		49	
贵　州	1	1				4		2	
云　南									
西　藏									
陕　西									
甘　肃									
青　海									
宁　夏									
新　疆									
兵　团									

全国各地区各类课本出版数量（续表5）

	扫盲课本							
	种数（种）		租型种数（种）	总印数（万册、张）		总印张（千印张）		定价总金额（万元）	
	合计	新版		合计	租型	合计	租型	合计	租型
全国总计	2			6		3			
中　　央									
地　　方	2			6		3			
北　　京									
天　　津									
河　　北									
山　　西									
内　蒙　古									
辽　　宁									
吉　　林									
黑　龙　江									
上　　海									
江　　苏									
浙　　江									
安　　徽									
福　　建									
江　　西									
山　　东									
河　　南									
湖　　北									
湖　　南									
广　　东									
广　　西									
海　　南									
重　　庆									
四　　川									
贵　　州									
云　　南	2			6		3			
西　　藏									
陕　　西									
甘　　肃									
青　　海									
宁　　夏									
新　　疆									
兵　　团									

全国各地区各类课本出版数量（续表6）

	教学用书								
	种数（种）		租型种数（种）	总印数（万册、张）		总印张（千印张）		定价总金额（万元）	
	合计	新版		合计	租型	合计	租型	合计	租型
全国总计	3810	632	152	2692	69	416040	9391	119103	2725
中　央	1267	238		1961		319717		86311	
地　方	2543	394	152	731	69	96323	9391	32792	2725
北　京	145	22		25		3841		941	
天　津	7			1		82		34	
河　北	103	13		36		4673		1462	
山　西	11	4		4		139		29	
内 蒙 古	154	19		4		589		27	
辽　宁	63	7		8		1290		311	
吉　林	12	5	7	3	1	304	129	19	
黑 龙 江	24	1	10	7	1	828	108	110	13
上　海	807	150		178		31729		7918	
江　苏	212	20	42	133	34	17137	5032	6865	1479
浙　江	98	16	4	26		3432		1069	
安　徽	6		44	4	3	372	286	271	256
福　建	13	6		4		350		121	
江　西	9			7		396		259	
山　东	246	20		64		8825		2631	
河　南	39	9		3		398		672	
湖　北	2		35	29	29	3720	3673	966	960
湖　南	146	30		113		9842		5563	
广　东	208	57	1	44		4673	17	2494	4
广　西	34	4	2	7		487	10	92	2
海　南									
重　庆	46	4		9		965		515	
四　川	84	2		4		476		131	
贵　州									
云　南	6			1		34		4	
西　藏	32	2	7	7	1	682	136	61	11
陕　西	10			6		606		160	
甘　肃									
青　海	23			2		148		7	
宁　夏									
新　疆	3	3		2		305		60	
兵　团									

在地方图书出版数量中各省（自治区、直辖市）所占百分比

地方	种数 合计	种数 新版	租型种数	总印数 合计	总印数 新版	总印数 租型	总印张 合计	总印张 新版	总印张 租型	定价总金额 合计	定价总金额 新版	定价总金额 租型
地方	100.00	100.00	100.00	100.00	100.00	100.00	100.00	100.00	100.00	100.00	100.00	100.00
北京	4.41	4.75	1.28	3.08	5.36	0.70	3.48	5.67	0.77	5.37	7.25	0.69
天津	2.51	3.12	1.71	1.25	1.85	0.82	1.37	1.98	0.68	2.04	2.42	0.80
河北	3.43	2.48	4.67	4.49	3.45	4.63	4.47	3.29	5.21	4.05	2.57	5.00
山西	1.09	1.48	2.08	1.45	2.12	1.99	1.85	3.78	2.08	1.42	2.35	2.00
内蒙古	1.22	1.03	2.97	0.83	0.56	1.59	0.87	0.77	1.75	0.55	0.51	1.69
辽宁	3.64	3.79	2.22	2.00	2.75	1.83	2.23	2.61	2.03	2.25	2.53	2.20
吉林	8.48	9.98	6.06	3.58	4.68	2.21	3.95	5.10	2.62	4.89	5.39	2.56
黑龙江	2.63	3.73	3.82	1.16	0.93	1.68	1.26	0.97	1.86	1.27	1.11	1.88
上海	9.67	10.02	0.45	6.50	13.03	0.35	7.26	11.28	0.37	10.40	14.28	0.53
江苏	9.30	7.96	3.60	9.20	9.44	4.81	9.04	10.20	4.93	8.76	8.79	4.82
浙江	4.99	4.94	3.38	5.45	7.84	3.97	5.14	7.07	3.69	5.60	6.93	3.90
安徽	3.45	2.52	6.66	4.18	2.62	6.39	4.06	2.71	6.58	3.70	2.60	7.17
福建	1.52	1.78	1.89	1.79	1.65	2.25	1.81	1.72	2.22	1.67	1.69	2.16
江西	3.25	3.50	2.04	3.55	3.52	3.86	3.00	2.73	4.13	3.15	2.94	3.87
山东	5.28	4.10	6.08	7.00	5.94	8.25	6.22	5.25	7.64	5.37	4.54	8.22
河南	3.01	3.06	3.37	5.41	3.69	8.17	4.78	2.96	8.32	3.12	2.52	7.26
湖北	4.55	4.47	3.55	3.88	4.06	3.72	3.59	3.44	3.72	3.99	3.82	3.97
湖南	3.51	2.91	3.65	6.34	6.18	5.80	6.60	6.98	5.31	6.02	6.11	5.68
广东	3.78	3.56	1.14	5.71	3.79	5.61	5.53	3.79	5.59	4.62	3.56	5.24
广西	2.31	1.92	4.09	4.12	2.58	4.79	3.77	2.33	4.88	2.95	2.25	4.62
海南	1.41	1.18	2.44	0.92	0.72	0.88	0.87	0.79	0.77	0.85	0.75	0.79
重庆	1.73	1.23	2.76	1.77	0.67	1.97	1.64	0.87	1.97	1.48	0.97	2.06
四川	4.45	5.32	4.28	4.60	4.00	4.94	4.42	3.71	4.73	4.24	4.49	4.56
贵州	0.47	0.69	4.73	1.71	0.51	4.54	1.44	0.52	4.40	1.13	0.64	4.84
云南	2.03	2.52	2.82	2.24	1.86	3.47	2.44	1.94	3.66	1.92	1.95	3.20
西藏	0.23	0.25	2.25	0.22	0.11	0.47	0.20	0.15	0.45	0.14	0.13	0.53
陕西	3.99	3.96	4.58	2.65	2.39	2.92	3.17	3.23	2.84	3.57	3.32	2.61
甘肃	1.24	1.19	2.22	1.26	1.06	1.82	1.10	0.98	1.80	1.03	0.90	1.74
青海	0.20	0.19	2.10	0.17	0.04	0.46	0.18	0.07	0.45	0.10	0.08	0.47
宁夏	0.98	0.90	1.67	1.04	0.98	0.49	1.60	1.18	0.50	1.98	1.06	0.57
新疆	1.15	1.33	5.44	2.43	1.59	4.62	2.65	1.90	4.03	2.34	1.48	4.36
兵团	0.08	0.16		0.01	0.03		0.01	0.04		0.03	0.07	

全国图书出版

		图书总计				使用《中国标 书　籍				
		种数（种）		印数（万册、张）	印张（千印张）	总定价（万元）	种数（种）		印数（万册、张）	印张（千印张）	总定价（万元）
		合计	新版				合计	新版			
全国总计		489051	213636	1037305	91890533	21853343	403905	194594	651977	61995437	17551751
中　央		199060	86160	276228	30562816	8050157	147240	75937	177251	20808664	6236487
地　方		289991	127476	761077	61327717	13803186	256665	118657	474726	41186773	11315264
北　京		12803	6058	23445	2134776	741718	11971	5776	21102	1929127	716048
天　津		7278	3973	9485	843166	281803	6948	3909	7840	722679	267861
河　北		9938	3160	34137	2739951	559681	9661	3138	19954	1774154	454728
山　西		3154	1885	11033	1137293	195979	2969	1871	5807	771297	153311
内蒙古		3524	1317	6322	532118	76202	2670	1234	2165	233588	46604
辽　宁		10557	4829	15226	1365603	310929	8125	4277	8945	864049	235422
吉　林		24577	12720	27255	2425050	674413	23984	12563	22702	2093455	640321
黑龙江		7638	4761	8804	772638	174700	6735	4347	5556	531651	144120
上　海		28056	12779	49509	4450776	1435432	21645	11200	35286	3229416	1204774
江　苏		26983	10146	70039	5541053	1209547	23525	9324	46245	3932971	1000320
浙　江		14477	6295	41513	3152468	772869	13021	6016	27712	2260620	654543
安　徽		10015	3210	31793	2489715	510493	9264	3013	17104	1412608	376360
福　建		4405	2267	13620	1109429	231094	4077	2184	7476	680171	180586
江　西		9437	4463	27050	1837394	434489	9061	4341	17816	1126609	353967
山　东		15303	5230	53288	3814743	741075	14035	5008	32953	2408780	575670
河　南		8735	3902	41154	2930695	430058	7596	3499	17629	1400689	265632
湖　北		13209	5693	29561	2202692	550554	11290	5089	21198	1545306	463300
湖　南		10167	3715	48269	4048893	830390	9411	3530	32302	3034004	696983
广　东		10970	4534	43448	3394245	638128	9248	4125	19010	1810555	438358
广　西		6695	2444	31375	2310436	407192	6225	2375	20181	1542418	326866
海　南		4088	1500	7021	534126	117866	4062	1484	5125	414495	104593
重　庆		5008	1567	13475	1008179	203899	2884	1082	6673	521599	134481
四　川		12891	6781	34996	2710960	585371	10809	5943	23040	1843571	484903
贵　州		1370	879	13052	880652	156169	1272	870	5199	327223	102594
云　南		5879	3211	17018	1498471	264605	5659	3133	8461	905862	207387
西　藏		676	313	1649	122526	19660	572	304	573	42178	9646
陕　西		11569	5045	20190	1944340	493445	9664	4268	12501	1366954	424100
甘　肃		3587	1513	9593	676484	142387	3531	1499	6000	406283	114630
青　海		586	240	1288	108200	14205	443	240	210	26638	5767
宁　夏		2855	1147	7948	979891	272759	2838	1139	6905	902177	263289
新　疆		3325	1692	18467	1624092	322396	3234	1669	11002	1118984	264422
兵　团		236	207	54	6662	3678	236	207	54	6662	3678

数量（书籍、课本、图片）

准书号》部分					不使用《中国标准书号》部分——图片合计					附：活页文选影印书等用纸		
课本												
种数（种）		印数（万册、张）	印张（千印张）	总定价（万元）	种数（种）		印数（万册、张）	印张（千印张）	总定价（万元）	印数（万册、张）	印张（千印张）	总定价（万元）
合计	新版				合计	新版						
84809	**18875**	**379060**	**29321615**	**4194335**	**337**	**167**	**355**	**5360**	**3196**	**5913**	**568121**	**104061**
51612	**10099**	**92852**	**9189455**	**1711135**	**208**	**124**	**307**	**2533**	**1686**	**5818**	**562164**	**100849**
33197	**8776**	**286208**	**20132160**	**2483200**	**129**	**43**	**48**	**2827**	**1510**	**95**	**5957**	**3212**
832	282	2343	205649	25670								
330	64	1645	120487	13942								
277	22	14183	965797	104953								
185	14	5226	365996	42668								
854	83	4157	298530	29598								
2432	552	6281	501554	75507								
593	157	4553	331595	34092								
903	414	3248	240987	30580								
6411	1579	14223	1221360	230658								
3415	822	23758	1605460	208342	43		10	1256	469	26	1366	416
1398	257	13742	887849	115480	58	22	11	164	629	48	3835	2217
751	197	14689	1077107	134133								
321	76	6123	429106	50320	7	7	20	120	127	1	32	61
376	122	9234	710785	80522								
1268	222	20335	1405963	165405								
1139	403	23525	1530006	164426								
1919	604	8363	657386	87254								
756	185	15967	1014889	133407								
1717	404	24432	1582663	199719	5	5		924	28	6	103	23
466	65	11193	767923	80245	4	4	1	95	81			
26	16	1896	119631	13273								
2124	485	6802	486580	69418								
2082	838	11943	866848	99995						13	541	473
98	9	7853	553429	53575								
217	78	8556	592541	57193	3			28	15	1	40	10
104	9	1076	80348	10014								
1905	777	7689	577346	69333							40	12
52	14	3593	270174	27741	4			27	16			
143		1078	81562	8438								
17	8	1043	77714	9470								
86	18	7459	504895	57829	5	5	6	213	145			

使用《中国标准书号》各类图书的平均印数、平均印张、平均定价和平均印张定价

全 国

	平均印数（万册/种）			平均印张（印张/册）			平均定价（元/册）			平均印张定价（元/印张）		
	新版	重印	租型	新版	重印	租型	新版	重印	租型	新版	重印	租型
使用《标准书号》部分合计	1.08	2.17	17.74	10.56	8.71	7.34	35.81	19.89	7.89	3.39	2.28	1.07
A 马列主义、毛泽东思想	0.29	5.10		17.15	17.38		60.94	28.58		3.55	1.64	
B 哲学	0.76	1.05		12.29	12.90		53.50	42.99		4.35	3.33	
C 社会科学总论	0.65	0.86	3.54	11.14	14.28	6.20	44.68	43.35	27.88	4.01	3.04	4.49
D 政治、法律	1.66	1.20	3.61	18.14	11.45	3.12	47.73	29.08	7.88	2.63	2.54	2.52
E 军事	0.75	0.92		10.96	13.56		43.14	38.35		3.93	2.83	
F 经济	0.40	0.45		17.01	16.56		67.09	47.99		3.94	2.90	
G 文化、科学、教育、体育	1.90	3.51	17.71	8.65	7.71	7.37	23.98	15.50	7.88	2.77	2.01	1.07
H 语言、文字	1.11	1.34		10.96	14.52		37.80	39.12		3.45	2.70	
I 文学	1.01	1.91		9.66	9.68		37.51	28.90		3.88	2.99	
J 艺术	0.57	1.11		10.13	9.34		61.39	31.33		6.06	3.35	
K 历史、地理	0.57	1.11	11.90	14.63	13.43	1.16	77.22	43.65	4.00	5.28	3.25	3.46
N 自然科学总论	0.86	0.86		8.71	16.64		51.56	82.67		5.92	4.97	
O 数理科学、化学	0.64	0.53		12.26	14.19		47.63	37.56		3.88	2.65	
P 天文学、地球科学	0.45	0.55		10.71	11.12		69.30	46.89		6.47	4.22	
Q 生物科学	0.68	0.62		9.28	12.77		52.82	44.45		5.69	3.48	
R 医药、卫生	0.60	0.56	72.92	11.44	18.40	2.05	47.56	52.19	8.00	4.16	2.84	3.91
S 农业科学	0.25	0.39		10.31	10.83		58.44	33.27		5.67	3.07	
T 工业技术	0.31	0.30		16.70	17.51		68.95	47.73		4.13	2.73	
U 交通运输	0.28	0.34		14.67	13.67		62.68	41.31		4.27	3.02	
V 航空、航天	0.25	0.36		13.38	12.61		76.43	48.01		5.71	3.81	
X 环境科学	0.57	0.50		8.36	9.99		34.62	31.99		4.14	3.20	
Z 综合性图书	0.38	1.45		14.16	9.69		88.85	42.58		6.27	4.39	

使用《中国标准书号》各类图书的平均印数、平均印张、平均定价和平均印张定价（续表1）

中 央

	平均印数（万册/种）			平均印张（印张/册）			平均定价（元/册）			平均印张定价（元/印张）		
	新版	重印	租型	新版	重印	租型	新版	重印	租型	新版	重印	租型
使用《标准书号》部分合计	0.94	1.68	3.05	12.75	10.40	9.32	44.04	23.17	7.25	3.45	2.23	0.78
A 马列主义、毛泽东思想	0.32	7.72		16.23	17.36		60.46	27.83		3.73	1.60	
B 哲学	0.82	1.10		12.59	13.55		53.60	44.10		4.26	3.25	
C 社会科学总论	0.79	0.86		10.47	15.34		40.11	44.97		3.83	2.93	
D 政治、法律	2.12	1.25		18.42	11.73		47.52	29.50		2.58	2.51	
E 军事	0.80	0.67		9.25	16.44		40.44	53.28		4.37	3.24	
F 经济	0.43	0.46		17.00	16.74		67.69	48.97		3.98	2.92	
G 文化、科学、教育、体育	1.91	5.24	3.05	8.64	7.96	9.32	24.31	13.87	7.25	2.81	1.74	0.78
H 语言、文字	1.40	1.41		11.50	16.39		37.34	43.19		3.25	2.63	
I 文学	1.06	2.00		9.22	12.95		37.43	31.29		4.06	2.42	
J 艺术	0.65	0.67		9.27	10.61		59.24	39.02		6.39	3.68	
K 历史、地理	0.76	1.26		14.06	14.21		73.17	46.05		5.20	3.24	
N 自然科学总论	0.99	0.74		7.55	22.74		44.40	129.22		5.88	5.68	
O 数理科学、化学	0.61	0.45		14.56	17.67		50.01	41.97		3.44	2.38	
P 天文学、地球科学	0.35	0.37		12.42	13.49		78.82	59.75		6.35	4.43	
Q 生物科学	0.56	0.46		11.37	17.10		59.08	54.55		5.19	3.19	
R 医药、卫生	0.47	0.55		15.88	20.59		66.18	56.10		4.17	2.72	
S 农业科学	0.25	0.33		10.15	12.44		61.41	37.94		6.05	3.05	
T 工业技术	0.34	0.28		17.66	18.20		70.27	48.69		3.98	2.68	
U 交通运输	0.31	0.32		15.35	14.11		66.01	41.12		4.30	2.91	
V 航空、航天	0.23	0.33		14.80	13.45		82.74	50.95		5.59	3.79	
X 环境科学	0.34	0.33		11.63	13.61		54.03	43.23		4.65	3.18	
Z 综合性图书	0.39	1.85		13.41	9.29		107.93	51.60		8.05	5.55	

使用《中国标准书号》各类图书的平均印数、平均印张、平均定价和平均印张定价（续表2）

地 方

	平均印数（万册/种）			平均印张（印张/册）			平均定价（元/册）			平均印张定价（元/印张）		
	新版	重印	租型	新版	重印	租型	新版	重印	租型	新版	重印	租型
使用《标准书号》部分合计	**1.18**	**2.51**	**17.75**	**9.37**	**7.93**	**7.34**	**31.37**	**18.37**	**7.89**	**3.35**	**2.32**	**1.07**
A 马列主义、毛泽东思想	0.24	0.46		18.75	17.92		61.77	50.55		3.29	2.82	
B 哲学	0.69	0.98		11.86	11.84		53.36	41.15		4.50	3.48	
C 社会科学总论	0.49	0.87	3.54	12.42	11.98	6.20	53.50	39.85	27.88	4.31	3.33	4.49
D 政治、法律	0.46	1.06	3.61	14.68	10.40	3.12	50.39	27.57	7.88	3.43	2.65	2.52
E 军事	0.65	1.22		14.53	11.61		48.77	28.24		3.36	2.43	
F 经济	0.33	0.43		17.04	15.95		65.53	44.72		3.85	2.80	
G 文化、科学、教育、体育	1.90	3.13	17.72	8.66	7.62	7.37	23.90	16.09	7.89	2.76	2.11	1.07
H 语言、文字	0.86	1.25		10.21	11.58		38.46	32.75		3.77	2.83	
I 文学	0.99	1.87		9.86	8.29		37.54	27.89		3.81	3.36	
J 艺术	0.54	1.38		10.55	8.96		62.45	29.00		5.92	3.24	
K 历史、地理	0.45	0.96	11.90	15.24	12.31	1.16	81.66	40.23	4.00	5.36	3.27	3.46
N 自然科学总论	0.72	0.99		10.29	11.31		61.33	42.01		5.96	3.72	
O 数理科学、化学	0.68	0.74		9.19	8.52		44.44	30.37		4.83	3.56	
P 天文学、地球科学	0.59	0.80		9.27	9.62		61.33	38.80		6.61	4.03	
Q 生物科学	0.78	0.92		8.02	8.44		49.04	34.35		6.11	4.07	
R 医药、卫生	0.72	0.59	72.92	8.66	13.03	2.05	35.89	42.60	8.00	4.14	3.27	3.91
S 农业科学	0.25	0.58		10.56	7.98		53.63	24.99		5.08	3.13	
T 工业技术	0.26	0.37		14.09	14.85		65.38	44.00		4.64	2.96	
U 交通运输	0.24	0.39		13.17	12.48		55.34	41.83		4.20	3.35	
V 航空、航天	0.30	0.46		11.06	10.97		66.09	42.30		5.97	3.86	
X 环境科学	0.91	1.12		6.45	6.05		23.28	19.75		3.61	3.26	
Z 综合性图书	0.38	1.25		14.47	10.00		80.81	35.64		5.58	3.56	

各地区使用《中国标准书号》各类图书的平均印数、平均印张、平均定价和平均印张定价

使用《标准书号》部分合计

	平均印数（万册/种）			平均印张（印张/册）			平均定价（元/册）			平均印张定价（元/印张）		
	新版	重印	租型	新版	重印	租型	新版	重印	租型	新版	重印	租型
全国总计	1.08	2.17	17.74	10.56	8.71	7.34	35.81	19.89	7.89	3.39	2.28	1.07
中　央	0.94	1.68	3.05	12.75	10.40	9.32	44.04	23.17	7.25	3.45	2.23	0.78
地　方	1.18	2.51	17.75	9.37	7.93	7.34	31.37	18.37	7.89	3.35	2.32	1.07
北　京	1.33	2.07	9.63	9.91	8.74	8.15	42.43	27.84	7.79	4.28	3.19	0.96
天　津	0.70	1.53	8.52	10.05	9.17	6.12	41.17	30.70	7.72	4.10	3.35	1.26
河　北	1.64	2.88	17.60	8.93	7.68	8.25	23.37	18.34	8.51	2.62	2.39	1.03
山　西	1.69	3.01	16.95	16.73	7.73	7.70	34.78	13.98	7.94	2.08	1.81	1.03
内 蒙 古	0.64	1.02	9.50	12.89	7.24	8.08	28.64	11.13	8.39	2.22	1.54	1.04
辽　宁	0.85	1.29	14.67	8.88	9.45	8.11	28.90	21.23	9.44	3.25	2.25	1.16
吉　林	0.55	1.33	6.48	10.21	8.37	8.70	36.12	24.12	9.14	3.54	2.88	1.05
黑 龙 江	0.29	1.39	7.82	9.76	9.00	8.11	37.33	23.16	8.82	3.83	2.57	1.09
上　海	1.53	1.91	14.14	8.12	9.61	7.75	34.39	25.81	11.86	4.24	2.69	1.53
江　苏	1.40	2.74	23.75	10.13	7.31	7.52	29.23	15.58	7.89	2.89	2.13	1.05
浙　江	1.87	2.66	20.85	8.45	7.41	6.83	27.64	17.71	7.74	3.27	2.39	1.13
安　徽	1.23	2.19	17.02	9.69	7.57	7.57	31.11	18.36	8.86	3.21	2.43	1.17
福　建	1.09	3.07	21.21	9.85	8.17	7.23	32.35	17.81	7.56	3.29	2.18	1.05
江　西	1.19	2.80	33.68	7.26	6.02	7.85	26.19	16.82	7.90	3.61	2.79	1.01
山　东	1.70	2.74	24.08	8.28	7.01	6.81	23.97	14.33	7.86	2.90	2.04	1.16
河　南	1.42	3.94	43.01	7.53	6.68	7.49	21.45	10.26	7.01	2.85	1.53	0.94
湖　北	1.07	2.12	18.59	7.96	7.31	7.33	29.55	19.30	8.41	3.71	2.64	1.15
湖　南	2.50	4.22	28.20	10.58	8.36	6.72	31.05	16.59	7.73	2.93	1.98	1.15
广　东	1.26	4.09	87.02	9.34	7.69	7.32	29.46	14.66	7.37	3.15	1.91	1.01
广　西	1.59	4.18	20.80	8.45	7.06	7.49	27.27	12.80	7.61	3.23	1.81	1.02
海　南	0.72	1.60	6.42	10.30	7.41	6.45	32.71	16.84	7.04	3.18	2.27	1.09
重　庆	0.64	2.46	12.67	12.09	6.99	7.36	45.07	14.82	8.24	3.73	2.12	1.12
四　川	0.88	3.10	20.48	8.69	7.82	7.04	35.20	15.88	7.28	4.05	2.03	1.03
贵　州	0.87	6.23	17.02	9.60	4.94	7.11	39.43	15.80	8.41	4.11	3.20	1.18
云　南	0.87	2.70	21.81	9.78	9.45	7.76	32.94	16.91	7.29	3.37	1.79	0.94
西　藏	0.55	1.44	3.71	12.71	6.37	7.06	34.92	9.99	8.86	2.75	1.57	1.25
陕　西	0.71	1.64	11.33	12.67	10.00	7.13	43.69	27.65	7.06	3.45	2.77	0.99
甘　肃	1.05	2.08	14.55	8.64	6.28	7.27	26.64	16.73	7.56	3.08	2.67	1.04
青　海	0.27	0.86	3.86	14.05	10.57	7.30	54.48	10.67	8.08	3.88	1.01	1.11
宁　夏	1.29	3.21	5.18	11.24	13.48	7.56	33.73	39.00	9.25	3.00	2.89	1.22
新　疆	1.41	4.10	15.07	11.22	11.30	6.40	29.14	27.35	7.44	2.60	2.42	1.16
兵　团	0.23	0.23		12.32	12.58		74.25	25.40		6.03	2.02	

各地区使用《中国标准书号》各类图书的平均印数、平均印张、平均定价和平均印张定价（续表1）

A 马克思主义、列宁主义、毛泽东思想

	平均印数（万册/种）			平均印张（印张/册）			平均定价（元/册）			平均印张定价（元/印张）		
	新版	重印	租型	新版	重印	租型	新版	重印	租型	新版	重印	租型
全国总计	**0.29**	**5.10**		**17.15**	**17.38**		**60.94**	**28.58**		**3.55**	**1.64**	
中　　央	**0.32**	**7.72**		**16.23**	**17.36**		**60.46**	**27.83**		**3.73**	**1.60**	
地　　方	**0.24**	**0.46**		**18.75**	**17.92**		**61.77**	**50.55**		**3.29**	**2.82**	
北　　京	0.10	0.30		14.81	22.51		57.85	54.00		3.91	2.40	
天　　津	0.20	0.50		14.40	10.86		83.50	58.00		5.80	5.34	
河　　北	0.14			11.22			35.21			3.14		
山　　西	0.06	1.06		11.39	16.00		41.56	41.78		3.65	2.61	
内　蒙　古	0.50			33.50			34.00			1.01		
辽　　宁	0.26	0.37		20.48	27.74		68.62	83.10		3.35	3.00	
吉　　林	0.08	0.91		18.97	15.58		53.54	35.47		2.82	2.28	
黑　龙　江	0.14			16.06			46.78			2.91		
上　　海	0.23	0.40		16.04	12.28		112.24	48.03		7.00	3.91	
江　　苏	0.32	0.31		15.14	12.88		43.86	35.59		2.90	2.76	
浙　　江	0.11	0.13		16.03	28.10		56.69	58.08		3.54	2.07	
安　　徽	0.06	0.10		11.53	11.33		42.30	35.37		3.67	3.12	
福　　建	0.38	0.20		12.27	15.75		46.58	32.00		3.80	2.03	
江　　西	0.08			13.69			43.67			3.19		
山　　东	0.09	0.27		16.24	8.40		57.88	40.00		3.56	4.76	
河　　南	0.12	0.60		3.88	10.29		48.00	31.50		12.39	3.06	
湖　　北	0.09	0.90		19.76	22.79		60.80	104.62		3.08	4.59	
湖　　南	0.36	0.84		30.73	30.30		82.83	70.51		2.70	2.33	
广　　东	0.33	0.22		11.85	4.91		39.94	21.12		3.37	4.30	
广　　西	0.17	0.65		13.74	12.90		50.14	74.60		3.65	5.78	
海　　南												
重　　庆	0.75	0.60		16.19	13.87		47.32	52.17		2.92	3.76	
四　　川	0.41	0.34		24.55	24.65		60.63	54.06		2.47	2.19	
贵　　州	0.03			8.88			32.00			3.60		
云　　南	0.17			9.70			44.32			4.57		
西　　藏												
陕　　西	0.19	1.77		28.08	23.68		87.20	39.45		3.11	1.67	
甘　　肃		0.06			16.33			43.00			2.63	
青　　海												
宁　　夏												
新　　疆	0.21	0.16		8.56	13.85		25.74	32.85		3.01	2.37	
兵　　团												

各地区使用《中国标准书号》各类图书的平均印数、平均印张、平均定价和平均印张定价（续表2）

B 哲 学

	平均印数 （万册/种）			平均印张 （印张/册）			平均定价 （元/册）			平均印张定价 （元/印张）		
	新版	重印	租型	新版	重印	租型	新版	重印	租型	新版	重印	租型
全国总计	**0.76**	**1.05**		**12.29**	**12.90**		**53.50**	**42.99**		**4.35**	**3.33**	
中　央	**0.82**	**1.10**		**12.59**	**13.55**		**53.60**	**44.10**		**4.26**	**3.25**	
地　方	**0.69**	**0.98**		**11.86**	**11.84**		**53.36**	**41.15**		**4.50**	**3.48**	
北　京	1.59	1.27		11.54	12.80		51.16	46.92		4.43	3.67	
天　津	1.40	1.68		8.51	11.54		35.15	44.45		4.13	3.85	
河　北	0.27	0.40		19.50	11.75		97.65	60.88		5.01	5.18	
山　西	0.40	0.35		15.09	8.22		73.85	31.89		4.89	3.88	
内 蒙 古	0.25	0.40		19.59	14.79		94.06	29.86		4.80	2.02	
辽　宁	0.38	0.76		15.83	17.59		60.28	37.67		3.81	2.14	
吉　林	0.92	0.95		12.42	10.35		54.52	39.00		4.39	3.77	
黑 龙 江	0.30	1.32		10.07	13.90		39.20	84.37		3.89	6.07	
上　海	0.36	0.61		15.99	14.03		66.93	39.58		4.19	2.82	
江　苏	0.68	0.53		11.06	12.78		47.78	43.52		4.32	3.40	
浙　江	1.03	1.20		12.61	14.42		55.79	52.89		4.42	3.67	
安　徽	0.19	0.44		11.49	17.63		46.70	42.27		4.06	2.40	
福　建	0.39	0.64		12.99	11.34		55.37	31.37		4.26	2.77	
江　西	0.33	1.03		14.25	12.51		53.84	35.86		3.78	2.87	
山　东	0.34	0.62		13.29	11.10		67.18	34.71		5.06	3.13	
河　南	0.42	0.89		14.09	9.17		67.42	22.00		4.78	2.40	
湖　北	0.35	0.57		10.04	9.85		42.85	32.85		4.27	3.34	
湖　南	1.71	3.30		10.49	9.17		47.11	30.63		4.49	3.34	
广　东	0.45	0.57		13.56	16.87		44.87	46.55		3.31	2.76	
广　西	0.87	1.51		7.81	7.55		45.95	38.86		5.88	5.15	
海　南	0.48	1.09		11.99	14.07		54.67	43.24		4.56	3.07	
重　庆	0.35	0.33		12.74	16.84		53.44	47.30		4.20	2.81	
四　川	1.49	2.63		9.32	10.39		54.47	45.55		5.85	4.38	
贵　州	0.43	0.30		14.90	13.90		69.38	48.00		4.66	3.45	
云　南	0.46	0.13		12.03	13.50		65.52	38.80		5.44	2.87	
西　藏	0.25	0.30		27.55	12.32		55.23	20.63		2.00	1.68	
陕　西	0.31	0.56		12.44	17.74		84.30	60.57		6.78	3.41	
甘　肃	0.13	0.05		26.52	11.59		77.65	28.00		2.93	2.42	
青　海	0.42	0.32		21.90	12.26		55.45	32.83		2.53	2.68	
宁　夏	0.04			21.00			53.00			2.52		
新　疆	0.35	0.23		6.91	7.11		20.97	17.62		3.03	2.48	
兵　团												

各地区使用《中国标准书号》各类图书的平均印数、平均印张、平均定价和平均印张定价（续表3）

C 社会科学总论

	平均印数（万册/种）			平均印张（印张/册）			平均定价（元/册）			平均印张定价（元/印张）		
	新版	重印	租型	新版	重印	租型	新版	重印	租型	新版	重印	租型
全国总计	0.65	0.86	3.54	11.14	14.28	6.20	44.68	43.35	27.88	4.01	3.04	4.49
中　　央	0.79	0.86		10.47	15.34		40.11	44.97		3.83	2.93	
地　　方	0.49	0.87	3.54	12.42	11.98	6.20	53.50	39.85	27.88	4.31	3.33	4.49
北　京	1.40	0.93		11.22	12.10		50.86	35.01		4.53	2.89	
天　津	0.87	1.61		13.64	13.14		55.38	34.07		4.06	2.59	
河　北	0.08	0.27		20.98	16.22		75.68	41.89		3.61	2.58	
山　西	0.62			13.30			41.68			3.13		
内 蒙 古	0.28	1.90		18.53	16.05		50.29	25.28		2.71	1.57	
辽　宁	0.16	0.28		15.53	16.46		49.07	38.19		3.16	2.32	
吉　林	0.34	0.97	8.80	14.50	10.63	6.30	61.96	35.67	29.80	4.27	3.36	4.73
黑 龙 江	0.22	0.43		12.71	10.59		41.96	44.37		3.30	4.19	
上　海	0.46	0.56		14.47	18.36		58.34	46.18		4.03	2.52	
江　苏	0.81	1.03		12.26	10.37		67.85	35.76		5.54	3.45	
浙　江	0.30	0.67		11.70	14.64		55.34	55.56		4.73	3.79	
安　徽	0.15	0.17		17.11	15.13		54.52	35.39		3.19	2.34	
福　建	0.36	0.24		12.20	19.60		43.76	44.08		3.59	2.25	
江　西	0.34	0.53		9.53	9.21		41.24	42.73		4.33	4.64	
山　东	0.95	0.22	0.91	9.25	11.89	5.75	40.19	33.88	18.55	4.34	2.85	3.23
河　南	0.28	0.12		14.20	19.04		46.94	46.45		3.31	2.44	
湖　北	0.23	0.54		13.43	9.34		49.78	30.12		3.71	3.22	
湖　南	1.19	0.67		10.90	11.82		43.09	42.81		3.95	3.62	
广　东	0.30	0.15		13.33	16.82		61.36	38.74		4.60	2.30	
广　西	0.29	1.11		11.25	12.41		51.93	51.84		4.61	4.18	
海　南	1.02	0.62		10.30	24.28		26.47	56.82		2.57	2.34	
重　庆	0.43	0.25		17.62	17.02		52.55	49.10		2.98	2.88	
四　川	0.56	4.53		10.43	8.43		56.73	35.64		5.44	4.23	
贵　州	0.53			14.35			63.97			4.46		
云　南	0.36	0.83		9.53	6.38		39.28	16.07		4.12	2.52	
西　藏	0.20			14.56			37.50			2.58		
陕　西	0.24	0.22		16.15	17.71		48.82	56.74		3.02	3.20	
甘　肃	0.11	0.37		14.56	9.54		45.88	22.67		3.15	2.38	
青　海												
宁　夏	0.28			10.33			30.23			2.93		
新　疆	0.06	1.34		11.46	27.50		35.23	48.00		3.07	1.75	
兵　团	0.40			11.03			25.30			2.29		

各地区使用《中国标准书号》各类图书的平均印数、平均印张、平均定价和平均印张定价（续表4）

D 政治、法律

	平均印数（万册/种）			平均印张（印张/册）			平均定价（元/册）			平均印张定价（元/印张）		
	新版	重印	租型	新版	重印	租型	新版	重印	租型	新版	重印	租型
全国总计	1.66	1.20	3.61	18.14	11.45	3.12	47.73	29.08	7.88	2.63	2.54	2.52
中　央	2.12	1.25		18.42	11.73		47.52	29.50		2.58	2.51	
地　方	0.46	1.06	3.61	14.68	10.40	3.12	50.39	27.57	7.88	3.43	2.65	2.52
北　京	0.64	0.55		7.22	17.50		29.24	48.98		4.05	2.80	
天　津	0.27	0.32		12.04	16.04		57.40	53.55		4.77	3.34	
河　北	0.24	2.26		14.06	11.89		62.65	43.51		4.45	3.66	
山　西	0.22	0.48		21.32	25.92		104.38	49.46		4.90	1.91	
内蒙古	0.55	0.34		21.90	17.78		66.29	46.78		3.03	2.63	
辽　宁	0.27	0.46		14.11	15.16		53.70	34.75		3.81	2.29	
吉　林	0.23	0.31	0.19	14.69	8.67	22.04	69.38	32.07	33.00	4.72	3.70	1.50
黑龙江	0.18	0.04		34.07	15.86		77.73	36.24		2.28	2.29	
上　海	0.32	0.57		18.60	17.48		77.34	55.25		4.16	3.16	
江　苏	0.28	0.70		14.34	13.09		66.59	40.85		4.64	3.12	
浙　江	2.07	1.61	2.78	10.77	8.43	4.49	32.88	21.00	11.20	3.05	2.49	2.49
安　徽	0.25	1.69		14.37	8.27		59.49	22.35		4.14	2.70	
福　建	0.20	0.31		19.50	14.39		94.03	40.89		4.82	2.84	
江　西	0.38	4.15		10.84	13.51		35.41	35.18		3.27	2.60	
山　东	0.67	0.78	0.38	19.38	6.75	6.11	48.79	19.82	12.39	2.52	2.94	2.03
河　南	0.50	0.44	15.00	13.08	11.80	1.26	51.82	29.89	4.00	3.96	2.53	3.18
湖　北	0.12	0.29		18.34	17.11		62.90	44.73		3.43	2.61	
湖　南	1.02	1.04	0.80	11.27	10.09	17.63	36.30	29.78	30.00	3.22	2.95	1.70
广　东	0.44	3.89		17.47	6.92		55.53	14.08		3.18	2.03	
广　西	2.38	1.49	0.50	10.82	14.84	7.18	20.06	45.08	19.60	1.85	3.04	2.73
海　南	0.14	0.30		23.06	13.85		67.38	29.80		2.92	2.15	
重　庆	0.43	0.23		14.58	14.91		43.16	38.73		2.96	2.60	
四　川	0.51	0.35		17.20	17.86		52.74	44.07		3.07	2.47	
贵　州	0.23	0.34		15.47	5.52		72.09	23.41		4.66	4.24	
云　南	0.40	1.40		18.54	7.86		71.11	18.71		3.84	2.38	
西　藏	0.34	0.62		34.08	15.40		176.42	38.40		5.18	2.49	
陕　西	0.28	2.81	2.36	14.21	7.42	5.34	53.00	10.74	7.80	3.73	1.45	1.46
甘　肃	0.14	0.08		23.55	19.52		92.81	32.33		3.94	1.66	
青　海	0.56	0.45		12.20	6.47		36.92	21.49		3.03	3.32	
宁　夏	0.19			15.64			43.91			2.81		
新　疆	0.12	6.88	12.10	8.92	2.51	1.60	27.31	7.10	4.92	3.06	2.83	3.07
兵　团	0.11			17.46			57.36			3.29		

各地区使用《中国标准书号》各类图书的平均印数、平均印张、平均定价和平均印张定价（续表5）

E 军 事

	平均印数（万册/种）			平均印张（印张/册）			平均定价（元/册）			平均印张定价（元/印张）		
	新版	重印	租型	新版	重印	租型	新版	重印	租型	新版	重印	租型
全国总计	0.75	0.92		10.96	13.56		43.14	38.35		3.93	2.83	
中　央	0.80	0.67		9.25	16.44		40.44	53.28		4.37	3.24	
地　方	0.65	1.22		14.53	11.61		48.77	28.24		3.36	2.43	
北　京	0.36	4.26		8.61	12.31		50.26	35.80		5.84	2.91	
天　津	0.64	0.06		14.17	10.80		48.94	39.07		3.45	3.62	
河　北	0.06	1.00		13.68	7.00		37.33	20.00		2.73	2.86	
山　西	0.40	0.30		15.64	9.42		64.67	48.00		4.13	5.10	
内蒙古		0.50			11.25			40.00			3.56	
辽　宁	0.43	0.29		11.47	20.70		37.47	69.71		3.27	3.37	
吉　林	0.42	0.46		7.22	8.79		29.26	32.17		4.05	3.66	
黑龙江	0.09	0.26		21.66	15.00		111.00	29.76		5.12	1.98	
上　海	0.40	0.95		17.98	18.81		60.44	37.65		3.36	2.00	
江　苏	1.40	2.34		14.31	8.68		41.52	21.61		2.90	2.49	
浙　江	0.49	0.54		7.85	12.15		43.04	38.75		5.48	3.19	
安　徽	0.13	3.62		43.81	9.68		318.00	18.97		7.26	1.96	
福　建	0.17	1.97		13.59	23.96		58.49	42.25		4.30	1.76	
江　西	11.65	0.83		18.85	13.80		37.90	36.04		2.01	2.61	
山　东	0.28	0.57		13.58	13.36		92.43	35.38		6.81	2.65	
河　南	1.15	1.26		10.87	11.64		34.70	25.02		3.19	2.15	
湖　北	0.65	1.04		12.02	6.80		36.38	16.52		3.03	2.43	
湖　南	0.58	0.74		10.42	18.46		37.07	42.12		3.56	2.28	
广　东	0.25	0.48		18.81	18.20		123.22	44.37		6.55	2.44	
广　西	0.57	0.55		18.54	11.76		130.84	31.88		7.06	2.71	
海　南	1.00	0.10		15.50	15.50		65.00	38.00		4.19	2.45	
重　庆	0.64	0.82		23.15	21.73		67.38	52.29		2.91	2.41	
四　川	0.75	0.46		11.50	19.03		37.21	34.82		3.24	1.83	
贵　州	1.20	2.54		17.75	4.66		49.00	17.70		2.76	3.80	
云　南	0.61	7.00		17.20	4.01		45.14			2.62		
西　藏												
陕　西	0.21	1.38		12.72	16.97		65.23	38.40		5.13	2.26	
甘　肃												
青　海												
宁　夏												
新　疆												
兵　团	0.05			6.56			25.00			3.81		

各地区使用《中国标准书号》各类图书的平均印数、平均印张、平均定价和平均印张定价（续表6）

F 经济

	平均印数（万册/种）			平均印张（印张/册）			平均定价（元/册）			平均印张定价（元/印张）		
	新版	重印	租型	新版	重印	租型	新版	重印	租型	新版	重印	租型
全国总计	0.40	0.45		17.01	16.56		67.09	47.99		3.94	2.90	
中　央	0.43	0.46		17.00	16.74		67.69	48.97		3.98	2.92	
地　方	0.33	0.43		17.04	15.95		65.53	44.72		3.85	2.80	
北　京	0.86	0.27		20.41	15.49		63.37	40.90		3.10	2.64	
天　津	0.27	0.76		15.32	14.78		65.30	48.54		4.26	3.28	
河　北	0.23	1.31		16.52	15.09		66.28	35.04		4.01	2.32	
山　西	0.19	0.61		18.71	18.42		99.15	71.06		5.30	3.86	
内蒙古	0.14	0.11		18.24	24.30		59.14	88.00		3.24	3.62	
辽　宁	0.18	0.39		16.50	18.28		49.63	40.76		3.01	2.23	
吉　林	0.12	0.42		12.10	10.89		50.82	26.89		4.20	2.47	
黑龙江	0.10	0.24		16.41	16.51		59.42	82.36		3.62	4.99	
上　海	0.42	0.52		20.55	18.71		72.10	50.33		3.51	2.69	
江　苏	0.43	0.29		11.26	15.43		43.95	39.67		3.90	2.57	
浙　江	0.58	0.86		16.30	13.63		87.54	51.35		5.37	3.77	
安　徽	0.17	0.21		17.96	21.10		73.00	55.28		4.07	2.62	
福　建	0.25	0.25		25.34	19.28		153.81	51.19		6.07	2.65	
江　西	0.36	0.81		12.91	19.15		46.67	39.45		3.62	2.06	
山　东	0.23	0.25		13.74	16.41		60.74	43.78		4.42	2.67	
河　南	0.36	0.27		13.42	11.56		70.59	34.57		5.26	2.99	
湖　北	0.16	0.19		16.19	16.59		72.50	45.99		4.48	2.77	
湖　南	0.36	0.37		16.75	15.67		61.49	42.82		3.67	2.73	
广　东	0.36	1.06		14.62	8.81		61.58	31.97		4.21	3.63	
广　西	0.56	0.60		12.28	13.25		65.42	43.08		5.33	3.25	
海　南	1.50	4.17		10.65	12.25		41.98	51.14		3.94	4.18	
重　庆	0.23	0.24		14.69	17.14		54.25	44.37		3.69	2.59	
四　川	0.25	0.27		14.74	14.83		60.42	40.23		4.10	2.71	
贵　州	0.40	0.02		19.53	18.93		87.05	54.12		4.46	2.86	
云　南	0.11	0.41		15.98	8.20		97.99	31.89		6.13	3.89	
西　藏	0.10	0.55		10.15	6.33		34.00	25.00		3.35	3.95	
陕　西	0.15	0.15		16.54	16.30		56.58	39.87		3.42	2.45	
甘　肃	0.10	0.10		16.57	16.67		51.94	34.41		3.13	2.06	
青　海	0.11			15.66			83.35			5.32		
宁　夏	0.12	0.10		29.42	8.65		111.20	128.00		3.78	14.80	
新　疆	0.06	0.30		11.99	6.30		39.67	11.00		3.31	1.75	
兵　团	0.10			25.62			179.70			7.01		

各地区使用《中国标准书号》各类图书的平均印数、平均印张、平均定价和平均印张定价（续表7）

G 文化、科学、教育、体育

	平均印数（万册/种）			平均印张（印张/册）			平均定价（元/册）			平均印张定价（元/印张）		
	新版	重印	租型	新版	重印	租型	新版	重印	租型	新版	重印	租型
全国总计	1.90	3.51	17.71	8.65	7.71	7.37	23.98	15.50	7.88	2.77	2.01	1.07
中　央	1.91	5.24	3.05	8.64	7.96	9.32	24.31	13.87	7.25	2.81	1.74	0.78
地　方	1.90	3.13	17.72	8.66	7.62	7.37	23.90	16.09	7.89	2.76	2.11	1.07
北　京	1.49	2.29	9.63	9.41	8.06	8.15	34.50	23.34	7.79	3.66	2.89	0.96
天　津	1.04	1.76	6.51	8.90	9.10	7.45	34.53	28.15	7.62	3.88	3.09	1.02
河　北	2.27	2.88	17.60	8.61	8.03	8.25	19.16	17.56	8.51	2.23	2.19	1.03
山　西	3.35	3.47	16.95	15.48	7.42	7.70	19.74	13.03	7.94	1.28	1.76	1.03
内蒙古	1.56	1.15	9.50	11.89	6.80	8.08	16.38	9.36	8.39	1.38	1.38	1.04
辽　宁	1.61	1.95	14.67	8.01	8.78	8.11	20.65	17.80	9.44	2.58	2.03	1.16
吉　林	0.78	1.43	6.48	10.03	8.39	8.70	33.81	23.85	9.10	3.37	2.84	1.05
黑龙江	0.45	1.88	7.82	9.01	8.83	8.11	31.22	22.03	8.82	3.47	2.49	1.09
上　海	3.28	2.91	14.14	6.47	7.68	7.75	27.78	20.71	11.86	4.29	2.70	1.53
江　苏	2.35	3.55	23.75	9.80	6.96	7.52	22.09	13.65	7.89	2.25	1.96	1.05
浙　江	3.39	3.49	21.33	7.85	6.93	6.84	19.55	14.81	7.73	2.49	2.14	1.13
安　徽	1.87	2.42	16.88	9.55	7.51	7.63	25.05	17.28	8.87	2.62	2.30	1.16
福　建	2.01	4.28	21.21	9.11	7.97	7.23	21.39	16.45	7.56	2.35	2.07	1.05
江　西	1.34	3.16	33.68	7.56	5.93	7.85	23.45	14.46	7.90	3.10	2.44	1.01
山　东	2.30	2.97	24.22	7.71	6.99	6.81	16.52	12.46	7.86	2.14	1.78	1.15
河　南	2.99	5.03	43.08	6.75	6.68	7.49	12.70	9.53	7.01	1.88	1.43	0.94
湖　北	1.89	2.98	18.59	6.86	6.63	7.33	25.28	17.24	8.41	3.68	2.60	1.15
湖　南	3.93	5.52	28.26	9.36	8.00	6.72	24.78	14.49	7.73	2.65	1.81	1.15
广　东	2.17	4.96	87.71	9.16	7.48	7.36	22.35	13.20	7.36	2.44	1.77	1.00
广　西	3.42	6.01	21.02	7.76	7.16	7.49	14.43	10.10	7.61	1.86	1.41	1.02
海　南	0.80	1.70	6.44	9.65	6.67	6.45	26.37	13.17	7.04	2.73	1.97	1.09
重　庆	1.30	4.15	12.67	10.62	6.45	7.36	30.25	12.76	8.24	2.85	1.98	1.12
四　川	1.32	4.88	20.48	7.18	7.53	7.04	26.24	12.04	7.28	3.65	1.60	1.03
贵　州	1.13	5.76	17.02	9.57	6.71	7.11	23.68	13.95	8.41	2.47	2.08	1.18
云　南	1.75	2.92	21.81	9.46	9.57	7.76	21.54	15.95	7.29	2.28	1.67	0.94
西　藏	1.06	2.22	3.71	9.57	5.87	7.06	22.54	8.43	8.86	2.36	1.44	1.25
陕　西	1.20	1.96	11.34	11.39	9.79	7.13	36.31	26.70	7.06	3.19	2.73	0.99
甘　肃	1.85	2.19	14.55	7.35	6.16	7.27	18.02	14.23	7.56	2.45	2.31	1.04
青　海	0.43	0.98	3.86	13.55	10.52	7.30	26.82	9.21	8.08	1.98	0.88	1.11
宁　夏	1.65	3.23	5.18	10.65	13.16	7.56	32.30	39.96	9.25	3.03	3.04	1.22
新　疆	1.78	4.46	14.74	11.16	11.53	6.54	28.52	27.88	7.44	2.56	2.42	1.14
兵　团	0.91	0.20		2.53	12.57		21.96	26.46		8.68	2.11	

各地区使用《中国标准书号》各类图书的平均印数、平均印张、平均定价和平均印张定价（续表8）

H 语言、文字

	平均印数（万册/种）			平均印张（印张/册）			平均定价（元/册）			平均印张定价（元/印张）		
	新版	重印	租型	新版	重印	租型	新版	重印	租型	新版	重印	租型
全国总计	1.11	1.34		10.96	14.52		37.80	39.12		3.45	2.70	
中 央	1.40	1.41		11.50	16.39		37.34	43.19		3.25	2.63	
地 方	0.86	1.25		10.21	11.58		38.46	32.75		3.77	2.83	
北 京	0.75	1.21		12.86	10.87		109.93	34.72		8.55	3.20	
天 津	0.58	0.30		11.42	15.32		52.41	44.80		4.59	2.93	
河 北	0.64	5.91		11.58	1.91		60.07	11.42		5.19	5.97	
山 西	0.98	0.57		14.91	17.58		63.51	26.89		4.26	1.53	
内 蒙 古	0.23	0.22		33.74	16.99		80.58	30.58		2.39	1.80	
辽 宁	0.39	0.39		13.23	13.01		42.87	34.50		3.24	2.65	
吉 林	0.27	0.90		14.85	8.85		52.95	38.75		3.57	4.38	
黑 龙 江	0.18	0.18		10.65	18.16		51.91	39.59		4.88	2.18	
上 海	1.49	1.67		10.25	14.11		34.49	37.68		3.36	2.67	
江 苏	0.66	0.74		9.92	11.27		32.72	35.84		3.30	3.18	
浙 江	1.93	1.01		5.93	11.08		18.11	35.05		3.05	3.16	
安 徽	0.48	0.46		9.51	11.15		39.53	38.32		4.16	3.44	
福 建	1.17	0.39		7.31	11.54		46.50	32.69		6.36	2.83	
江 西	1.98	2.08		4.24	5.57		17.78	16.01		4.20	2.87	
山 东	0.58	1.01		11.44	9.11		46.09	32.69		4.03	3.59	
河 南	0.57	0.70		8.26	12.34		32.86	26.57		3.98	2.15	
湖 北	0.22	0.49		14.48	19.20		42.90	39.07		2.96	2.03	
湖 南	1.60	2.25		23.18	7.98		44.28	21.45		1.91	2.69	
广 东	1.04	1.19		4.26	7.15		45.75	27.59		10.75	3.86	
广 西	0.57	0.59		16.65	10.62		122.71	36.33		7.37	3.42	
海 南	0.34	6.50		18.80	17.48		75.69	34.08		4.03	1.95	
重 庆	0.24	0.30		13.71	13.94		47.73	37.27		3.48	2.67	
四 川	0.47	0.49		12.10	14.65		38.01	36.86		3.14	2.52	
贵 州	1.85	4.72		18.00	6.83		29.00	24.14		1.61	3.53	
云 南	0.20	0.52		11.32	10.31		45.74	45.97		4.04	4.46	
西 藏	0.18	0.97		25.06	5.10		45.15	9.95		1.80	1.95	
陕 西	0.22	0.36		13.72	14.71		48.37	47.23		3.53	3.21	
甘 肃	0.45	0.89		16.34	7.12		76.43	13.61		4.68	1.91	
青 海	0.37	0.50		11.11	5.88		30.10	13.00		2.71	2.21	
宁 夏	0.29	0.50		9.97	12.59		41.83	30.00		4.20	2.38	
新 疆	0.39	1.74		7.18	12.48		17.90	24.51		2.49	1.96	
兵 团	0.50			6.37			32.90			5.16		

各地区使用《中国标准书号》各类图书的平均印数、平均印张、平均定价和平均印张定价（续表9）

I 文 学

	平均印数（万册/种）新版	重印	租型	平均印张（印张/册）新版	重印	租型	平均定价（元/册）新版	重印	租型	平均印张定价（元/印张）新版	重印	租型
全国总计	1.01	1.91		9.66	9.68		37.51	28.90		3.88	2.99	
中　央	1.06	2.00		9.22	12.95		37.43	31.29		4.06	2.42	
地　方	0.99	1.87		9.86	8.29		37.54	27.89		3.81	3.36	
北　京	2.10	2.43		8.39	9.73		34.58	33.92		4.12	3.49	
天　津	0.92	1.95		11.30	8.15		42.40	31.12		3.75	3.82	
河　北	0.76	2.94		10.34	4.65		40.74	32.38		3.94	6.96	
山　西	0.37	0.66		14.92	11.79		50.27	29.68		3.37	2.52	
内蒙古	0.24	0.46		11.03	12.24		37.99	30.78		3.44	2.51	
辽　宁	0.64	1.81		8.54	8.32		34.72	21.33		4.06	2.56	
吉　林	0.42	0.97		9.31	7.64		33.28	22.67		3.57	2.97	
黑龙江	0.41	0.49		7.22	9.05		32.70	29.92		4.53	3.31	
上　海	0.91	1.20		9.20	12.03		43.40	36.84		4.72	3.06	
江　苏	0.95	1.38		11.64	11.38		43.50	30.62		3.74	2.69	
浙　江	1.08	1.95		10.49	9.07		41.20	27.36		3.93	3.02	
安　徽	1.24	2.14		10.55	7.21		32.23	23.44		3.05	3.25	
福　建	0.82	0.98		9.73	8.32		34.41	31.09		3.53	3.74	
江　西	1.37	2.05		5.41	5.21		24.80	22.11		4.58	4.25	
山　东	1.53	2.57		8.39	6.43		34.00	27.40		4.05	4.26	
河　南	1.26	2.45		6.20	4.02		27.76	15.80		4.48	3.93	
湖　北	0.69	1.85		12.57	9.98		36.06	26.16		2.87	2.62	
湖　南	2.90	2.25		12.91	10.77		37.38	28.35		2.90	2.63	
广　东	0.92	2.82		10.12	10.67		40.79	31.42		4.03	2.95	
广　西	0.99	1.67		8.43	4.76		41.04	24.53		4.87	5.16	
海　南	0.35	0.76		14.20	10.60		47.51	34.48		3.35	3.25	
重　庆	0.54	0.69		12.54	18.59		59.79	53.20		4.77	2.86	
四　川	0.87	1.81		10.30	8.50		38.88	28.58		3.78	3.36	
贵　州	0.67	9.75		11.75	2.93		50.45	15.32		4.30	5.24	
云　南	0.58	2.17		9.29	8.42		39.34	26.34		4.24	3.13	
西　藏	0.41	0.37		10.91	12.71		30.42	24.35		2.79	1.92	
陕　西	0.44	0.77		11.15	12.61		48.23	47.34		4.33	3.75	
甘　肃	0.56	1.75		12.27	6.77		46.51	42.40		3.79	6.26	
青　海	0.31	0.32		11.81	8.56		46.90	31.51		3.97	3.68	
宁　夏	0.61	3.14		19.54	17.41		39.68	27.30		2.03	1.57	
新　疆	0.47	0.77		7.24	10.92		25.31	27.03		3.50	2.48	
兵　团	0.26			9.69			42.36			4.37		

各地区使用《中国标准书号》各类图书的平均印数、平均印张、平均定价和平均印张定价（续表10）

J 艺 术

	平均印数（万册/种）			平均印张（印张/册）			平均定价（元/册）			平均印张定价（元/印张）		
	新版	重印	租型	新版	重印	租型	新版	重印	租型	新版	重印	租型
全国总计	0.57	1.11		10.13	9.34		61.39	31.33		6.06	3.35	
中 央	0.65	0.67		9.27	10.61		59.24	39.02		6.39	3.68	
地 方	0.54	1.38		10.55	8.96		62.45	29.00		5.92	3.24	
北 京	0.54	1.88		11.08	5.80		82.58	69.35		7.46	11.97	
天 津	0.72	0.82		5.89	6.22		37.21	42.71		6.32	6.87	
河 北	0.29	0.52		12.34	10.80		108.39	37.06		8.78	3.43	
山 西	2.12	0.64		28.63	29.20		132.66	50.52		4.63	1.73	
内 蒙 古	0.17	0.07		25.27	28.54		162.59	31.87		6.43	1.12	
辽 宁	0.41	0.30		7.83	13.24		55.47	51.48		7.08	3.89	
吉 林	0.29	1.69		8.96	6.49		35.98	20.63		4.01	3.18	
黑 龙 江	0.14	0.09		8.02	13.30		45.79	69.98		5.71	5.26	
上 海	0.59	2.42		10.34	9.83		51.30	24.24		4.96	2.47	
江 苏	0.48	0.57		9.26	7.86		65.99	43.72		7.13	5.56	
浙 江	0.44	0.53		11.50	9.64		97.32	40.99		8.46	4.25	
安 徽	0.59	1.29		8.47	8.14		46.03	22.94		5.43	2.82	
福 建	0.37	0.30		10.61	7.28		69.37	35.75		6.54	4.91	
江 西	1.20	5.42		7.88	6.05		35.51	22.23		4.51	3.67	
山 东	0.33	0.32		12.52	13.11		119.86	58.81		9.57	4.48	
河 南	0.37	0.62		9.83	5.86		70.47	20.78		7.17	3.55	
湖 北	0.39	1.07		11.80	9.48		80.06	32.03		6.78	3.38	
湖 南	0.95	0.76		10.40	12.65		48.75	46.06		4.69	3.64	
广 东	0.37	0.48		12.86	10.83		82.09	35.00		6.38	3.23	
广 西	0.35	0.61		12.37	16.14		75.88	71.40		6.13	4.42	
海 南	0.81	2.13		13.48	4.15		68.50	20.01		5.08	4.83	
重 庆	0.36	0.35		14.92	11.44		77.70	43.37		5.21	3.79	
四 川	0.88	2.15		6.50	6.37		39.60	23.78		6.09	3.73	
贵 州	0.61	0.99		7.87	12.21		60.90	44.04		7.74	3.61	
云 南	1.57	4.20		4.56	1.14		22.69	6.06		4.98	5.29	
西 藏	0.69	0.47		7.72	6.31		26.69	15.00		3.46	2.38	
陕 西	0.19	0.36		15.38	17.03		116.33	122.32		7.57	7.18	
甘 肃	0.20	1.29		18.90	12.39		145.22	63.36		7.68	5.11	
青 海	0.21			9.77			85.72			8.77		
宁 夏	0.18			13.02			92.09			7.07		
新 疆	0.18	0.33		11.48	8.84		83.07	58.62		7.23	6.63	
兵 团	0.20			6.75			99.00			14.67		

各地区使用《中国标准书号》各类图书的平均印数、平均印张、平均定价和平均印张定价（续表11）

K 历史、地理

	平均印数（万册/种）			平均印张（印张/册）			平均定价（元/册）			平均印张定价（元/印张）		
	新版	重印	租型	新版	重印	租型	新版	重印	租型	新版	重印	租型
全国总计	0.57	1.11	11.90	14.63	13.43	1.16	77.22	43.65	4.00	5.28	3.25	3.46
中　央	0.76	1.26		14.06	14.21		73.17	46.05		5.20	3.24	
地　方	0.45	0.96	11.90	15.24	12.31	1.16	81.66	40.23	4.00	5.36	3.27	3.46
北　京	0.80	1.07		12.55	12.46		70.54	38.68		5.62	3.10	
天　津	0.26	0.47		16.45	15.06		106.26	43.14		6.46	2.87	
河　北	0.45	0.47		16.40	8.05		100.57	29.37		6.13	3.65	
山　西	0.22	0.54		19.54	19.04		132.37	49.07		6.78	2.58	
内蒙古	0.16	0.27		23.83	20.87		126.32	71.23		5.30	3.41	
辽　宁	0.29	0.50		16.21	14.79		85.45	51.18		5.27	3.46	
吉　林	0.25	0.56		9.99	9.44		49.72	33.86		4.98	3.59	
黑龙江	0.31	0.34		14.13	6.64		66.30	38.01		4.69	5.73	
上　海	0.39	0.59		15.91	21.81		87.18	54.31		5.48	2.49	
江　苏	0.51	0.88		13.39	10.81		63.14	36.69		4.71	3.39	
浙　江	0.40	1.56		15.31	15.08		75.37	47.65		4.92	3.16	
安　徽	0.24	1.03		14.41	7.84		117.82	71.23		8.18	9.08	
福　建	0.35	0.34		16.12	14.32		105.31	35.87		6.53	2.50	
江　西	0.49	1.13		12.48	11.90		64.31	34.72		5.15	2.92	
山　东	0.92	2.57		11.27	6.69		66.71	29.02		5.92	4.34	
河　南	0.45	0.61		18.15	11.54		110.78	30.18		6.10	2.62	
湖　北	0.32	0.74		16.65	16.86		90.47	45.41		5.43	2.69	
湖　南	1.18	1.94		13.24	15.45		54.14	54.12		4.09	3.50	
广　东	0.33	0.70		16.06	6.96		92.30	22.53		5.75	3.24	
广　西	0.65	0.94		15.08	16.34		77.29	70.52		5.13	4.31	
海　南	0.64	6.40		10.98	12.77		51.21	44.44		4.67	3.48	
重　庆	0.35	0.97		20.02	10.78		111.45	26.64		5.57	2.47	
四　川	0.49	0.84		16.82	10.16		84.28	32.05		5.01	3.16	
贵　州	0.42	4.33		18.92	6.36		131.57	32.55		6.95	5.12	
云　南	0.20	0.38		26.73	14.29		211.89	45.94		7.93	3.21	
西　藏	0.40	0.39		29.55	17.10		58.35	36.77		1.97	2.15	
陕　西	0.23	0.55		23.24	15.08		137.69	62.62		5.92	4.15	
甘　肃	0.17	3.23		34.29	9.63		199.10	9.98		5.81	1.04	
青　海	0.20	0.30		17.43	15.77		87.56	43.94		5.02	2.79	
宁　夏	0.53	3.53		13.99	16.92		48.27	27.83		3.45	1.64	
新　疆	4.63	13.86	11.90	19.43	1.73	1.16	48.92	6.00	4.00	2.52	3.46	3.46
兵　团	0.21			51.19			382.61			7.47		

各地区使用《中国标准书号》各类图书的平均印数、平均印张、平均定价和平均印张定价（续表12）

N 自然科学总论

	平均印数（万册/种）			平均印张（印张/册）			平均定价（元/册）			平均印张定价（元/印张）		
	新版	重印	租型	新版	重印	租型	新版	重印	租型	新版	重印	租型
全国总计	0.86	0.86		8.71	16.64		51.56	82.67		5.92	4.97	
中　央	0.99	0.74		7.55	22.74		44.40	129.22		5.88	5.68	
地　方	0.72	0.99		10.29	11.31		61.33	42.01		5.96	3.72	
北　京	1.05	1.40		11.62	13.47		66.00	24.83		5.68	1.84	
天　津	1.20	4.56		8.97	16.17		47.89	60.01		5.34	3.71	
河　北												
山　西	0.35	1.75		12.24	12.34		33.56	42.12		2.74	3.41	
内蒙古	0.11			17.84			56.00			3.14		
辽　宁	0.14	0.72		9.02	9.82		59.74	39.75		6.62	4.05	
吉　林	0.22	0.34		11.77	7.60		47.47	29.12		4.03	3.83	
黑龙江	0.06			6.30			26.28			4.17		
上　海	1.38	0.35		12.09	15.89		49.16	61.47		4.07	3.87	
江　苏	0.39	0.75		14.23	11.39		91.18	47.40		6.41	4.16	
浙　江	0.34	1.58		10.69	21.92		61.59	72.16		5.76	3.29	
安　徽	0.93	0.80		5.11	2.47		129.79	58.00		25.38	23.48	
福　建	1.40	1.20		7.80	7.10		35.26	25.00		4.52	3.52	
江　西	0.46	0.94		18.74	13.05		107.25	40.21		5.72	3.08	
山　东	0.27	1.69		21.50	3.87		102.93	13.67		4.79	3.54	
河　南	0.15	0.20		48.75	19.82		480.00	38.00		9.85	1.92	
湖　北	0.46	0.51		8.33	18.30		61.24	38.07		7.35	2.08	
湖　南	0.80	2.31		12.92	9.20		54.17	37.10		4.19	4.03	
广　东	0.25	0.15		19.55	10.86		81.06	55.31		4.15	5.09	
广　西	0.75	0.95		7.08	10.08		43.05	44.78		6.08	4.44	
海　南	2.00			8.56			88.00			10.28		
重　庆	0.45	0.62		11.78	19.22		75.00	50.69		6.37	2.64	
四　川	1.34	0.57		4.72	13.92		29.96	40.76		6.34	2.93	
贵　州		1.00			16.11			59.80			3.71	
云　南	1.43	2.00		9.03	8.50		84.67	29.80		9.38	3.51	
西　藏												
陕　西	0.10	0.97		12.63	5.80		45.66	77.65		3.62	13.39	
甘　肃	0.30			14.90			49.01			3.29		
青　海		0.20			6.30			20.00			3.18	
宁　夏												
新　疆	0.01			8.62			21.29			2.47		
兵　团												

各地区使用《中国标准书号》各类图书的平均印数、平均印张、平均定价和平均印张定价（续表13）

O 数理科学、化学

	平均印数（万册/种） 新版	重印	租型	平均印张（印张/册） 新版	重印	租型	平均定价（元/册） 新版	重印	租型	平均印张定价（元/印张） 新版	重印	租型
全国总计	0.64	0.53		12.26	14.19		47.63	37.56		3.88	2.65	
中　　央	0.61	0.45		14.56	17.67		50.01	41.97		3.44	2.38	
地　　方	0.68	0.74		9.19	8.52		44.44	30.37		4.83	3.56	
北　　京	1.63	3.80		4.78	6.89		32.82	29.98		6.87	4.35	
天　　津	0.98	1.50		8.61	3.47		34.94	16.04		4.06	4.62	
河　　北	0.17	0.10		11.31	23.75		39.13	43.00		3.46	1.81	
山　　西	0.46	0.31		7.58	7.56		20.40	25.00		2.69	3.31	
内 蒙 古	0.05	0.09		19.26	34.16		42.05	20.67		2.18	0.60	
辽　　宁	0.21	0.32		12.78	16.25		50.16	41.25		3.92	2.54	
吉　　林	0.24	1.18		10.02	9.13		40.94	21.59		4.09	2.36	
黑 龙 江	0.14	0.20		17.98	14.96		72.24	36.74		4.02	2.46	
上　　海	0.66	0.37		14.89	17.72		78.87	42.30		5.30	2.39	
江　　苏	1.19	0.60		8.11	9.06		55.32	56.93		6.82	6.29	
浙　　江	0.86	0.40		11.94	15.78		39.52	49.09		3.31	3.11	
安　　徽	0.29	0.32		18.50	13.49		55.57	44.89		3.00	3.33	
福　　建	0.80	0.24		9.45	19.57		31.65	41.50		3.35	2.12	
江　　西	0.62	0.57		9.14	11.74		34.15	33.20		3.73	2.83	
山　　东	0.94	0.37		9.65	15.72		40.59	34.69		4.21	2.21	
河　　南	0.39	0.21		15.31	16.24		37.58	32.69		2.46	2.01	
湖　　北	0.61	1.51		9.78	4.56		38.62	14.56		3.95	3.19	
湖　　南	0.54	1.42		19.47	4.99		60.28	17.31		3.10	3.47	
广　　东	0.37	0.18		9.44	13.89		42.39	25.61		4.49	1.84	
广　　西	2.11	0.58		9.52	10.65		43.93	72.69		4.61	6.83	
海　　南	0.27	0.92		11.95	14.10		39.39	42.53		3.30	3.02	
重　　庆	0.28	0.33		13.31	15.89		40.83	36.03		3.07	2.27	
四　　川	0.23	1.40		12.33	4.53		46.05	31.46		3.73	6.94	
贵　　州	28.93			2.45			18.01			7.35		
云　　南	0.46	0.85		11.62	8.50		114.86	29.82		9.88	3.51	
西　　藏												
陕　　西	0.19	0.36		18.67	15.11		46.49	48.84		2.49	3.23	
甘　　肃	0.14	0.07		11.17	24.22		34.56	41.38		3.09	1.71	
青　　海												
宁　　夏												
新　　疆	0.27			5.00			19.05			3.81		
兵　　团												

各地区使用《中国标准书号》各类图书的平均印数、平均印张、平均定价和平均印张定价（续表14）

P 天文学、地球科学

	平均印数 （万册/种）			平均印张 （印张/册）			平均定价 （元/册）			平均印张定价 （元/印张）		
	新版	重印	租型	新版	重印	租型	新版	重印	租型	新版	重印	租型
全国总计	0.45	0.55		10.71	11.12		69.30	46.89		6.47	4.22	
中　　央	0.35	0.37		12.42	13.49		78.82	59.75		6.35	4.43	
地　　方	0.59	0.80		9.27	9.62		61.33	38.80		6.61	4.03	
北　　京	1.35	2.56		9.22	7.31		82.81	36.88		8.99	5.04	
天　　津	0.32	1.16		13.53	11.68		75.71	38.28		5.60	3.28	
河　　北	0.22	0.80		9.74	4.00		52.64	48.00		5.40	12.00	
山　　西	0.31			12.67			80.47			6.35		
内　蒙　古	0.32	0.05		14.65	12.90		37.82	233.64		2.58	18.11	
辽　　宁	0.40	0.38		10.64	9.32		98.56	33.96		9.27	3.64	
吉　　林	0.32	0.22		7.35	7.91		42.21	30.25		5.75	3.83	
黑　龙　江	0.15	0.28		6.71	7.97		30.02	35.15		4.48	4.41	
上　　海	0.69	0.99		10.62	11.79		91.79	33.29		8.64	2.82	
江　　苏	0.42	0.68		12.10	10.05		74.19	46.57		6.13	4.64	
浙　　江	0.65	0.79		10.47	8.44		53.49	34.17		5.11	4.05	
安　　徽	1.15	1.49		4.92	5.46		63.14	19.66		12.84	3.60	
福　　建	0.48	0.67		14.28	6.29		68.88	25.67		4.82	4.08	
江　　西	0.66	0.85		9.26	12.09		63.22	35.00		6.82	2.89	
山　　东	0.57	0.73		14.33	11.32		102.58	38.46		7.16	3.40	
河　　南	0.55	0.39		7.08	15.01		32.35	36.40		4.57	2.43	
湖　　北	0.16	0.31		12.09	16.48		57.70	48.35		4.77	2.93	
湖　　南	0.51	1.65		6.23	13.00		45.41	44.55		7.29	3.43	
广　　东	0.34	0.72		6.33	9.54		54.84	43.64		8.66	4.57	
广　　西	0.88	0.88		7.77	4.99		50.42	31.69		6.49	6.35	
海　　南	0.28			15.14			94.18			6.22		
重　　庆	0.52	1.02		12.84	15.29		66.69	50.35		5.19	3.29	
四　　川	2.21	1.49		7.62	5.12		30.40	27.48		3.99	5.37	
贵　　州	0.81	2.30		9.63	8.37		45.75	34.94		4.75	4.18	
云　　南	0.63	0.43		3.38	4.51		21.80	24.80		6.45	5.50	
西　　藏	0.50			16.70			38.00			2.27		
陕　　西	0.18	0.51		15.84	6.41		97.41	80.24		6.15	12.52	
甘　　肃	0.46			11.16			43.66			3.91		
青　　海	0.13			9.75			60.98			6.26		
宁　　夏	0.50			13.33			68.23			5.12		
新　　疆	0.36	0.10		7.63	7.38		22.50	18.50		2.95	2.51	
兵　　团												

各地区使用《中国标准书号》各类图书的平均印数、平均印张、平均定价和平均印张定价（续表15）

Q 生物科学

	平均印数（万册/种） 新版	重印	租型	平均印张（印张/册） 新版	重印	租型	平均定价（元/册） 新版	重印	租型	平均印张定价（元/印张） 新版	重印	租型
全国总计	0.68	0.62		9.28	12.77		52.82	44.45		5.69	3.48	
中　央	0.56	0.46		11.37	17.10		59.08	54.55		5.19	3.19	
地　方	0.78	0.92		8.02	8.44		49.04	34.35		6.11	4.07	
北　京	1.16	1.56		7.90	9.39		51.95	28.97		6.58	3.09	
天　津	1.40	0.84		6.03	14.26		26.80	43.76		4.44	3.07	
河　北	0.60	0.49		8.33	6.75		87.67	19.06		10.52	2.82	
山　西	0.49	0.30		6.90	21.95		29.39	140.00		4.26	6.38	
内蒙古	1.04	0.65		4.35	56.06		71.86	167.74		16.51	2.86	
辽　宁	0.42	0.78		9.98	8.60		44.29	31.87		4.44	3.70	
吉　林	0.32	0.34		8.30	8.97		48.47	36.83		5.84	4.11	
黑龙江	0.22	0.43		7.73	9.02		50.53	28.23		6.53	3.13	
上　海	0.45	0.66		9.70	9.52		55.99	34.00		5.77	3.57	
江　苏	0.86	1.35		10.13	7.67		53.61	32.60		5.29	4.25	
浙　江	0.84	0.33		10.82	10.23		58.49	42.58		5.40	4.16	
安　徽	1.82	0.18		4.28	5.85		69.76	19.69		16.30	3.37	
福　建	0.61	0.51		10.09	9.21		86.35	49.89		8.55	5.42	
江　西	0.63	0.70		8.38	13.03		56.01	37.57		6.68	2.88	
山　东	1.08	0.60		6.88	9.52		40.47	50.22		5.88	5.27	
河　南	0.44	0.99		9.04	9.45		72.88	66.94		8.06	7.08	
湖　北	0.29	0.32		14.78	9.54		91.88	30.99		6.22	3.25	
湖　南	1.47	2.10		14.98	10.46		50.95	38.09		3.40	3.64	
广　东	0.73	0.50		6.12	10.22		42.26	57.42		6.90	5.62	
广　西	1.13	0.96		3.77	6.22		37.46	31.23		9.95	5.02	
海　南	0.30	0.71		8.33	8.28		65.61	34.54		7.88	4.17	
重　庆	0.49	0.31		14.35	11.69		91.45	52.27		6.37	4.47	
四　川	1.88	1.93		6.32	5.83		30.51	25.86		4.83	4.43	
贵　州	1.77	8.41		6.01	5.36		34.10	22.71		5.68	4.24	
云　南	0.29	0.17		9.87	8.38		70.58	66.45		7.15	7.93	
西　藏	0.30	0.20		29.63	8.95		120.00	20.00		4.05	2.23	
陕　西	0.19	0.57		9.21	6.96		81.63	58.19		8.86	8.37	
甘　肃	0.29			10.31			62.76			6.09		
青　海	0.20	0.20		40.76	6.30		516.00	20.00		12.66	3.18	
宁　夏												
新　疆	0.33			6.86			32.33			4.71		
兵　团												

各地区使用《中国标准书号》各类图书的平均印数、平均印张、平均定价和平均印张定价（续表16）

R 医药、卫生

	平均印数（万册/种）			平均印张（印张/册）			平均定价（元/册）			平均印张定价（元/印张）		
	新版	重印	租型	新版	重印	租型	新版	重印	租型	新版	重印	租型
全国总计	**0.60**	**0.56**	**72.92**	**11.44**	**18.40**	**2.05**	**47.56**	**52.19**	**8.00**	**4.16**	**2.84**	**3.91**
中 央	**0.47**	**0.55**		**15.88**	**20.59**		**66.18**	**56.10**		**4.17**	**2.72**	
地 方	**0.72**	**0.59**	**72.92**	**8.66**	**13.03**	**2.05**	**35.89**	**42.60**	**8.00**	**4.14**	**3.27**	**3.91**
北 京	0.72	0.66		12.21	14.42		79.61	63.75		6.52	4.42	
天 津	0.26	0.93	204.00	15.68	14.28	2.00	59.25	50.36	8.00	3.78	3.53	4.00
河 北	0.52	0.45		7.84	13.59		32.01	70.38		4.08	5.18	
山 西	0.32	0.44		25.01	26.17		91.04	60.80		3.64	2.32	
内蒙古	0.22	0.17		11.70	18.93		50.75	40.20		4.34	2.12	
辽 宁	0.35	0.30		13.65	15.90		83.09	72.76		6.09	4.57	
吉 林	0.16	0.33		17.12	17.95		68.50	49.73		4.00	2.77	
黑龙江	0.08	1.02		14.35	12.03		71.31	33.12		4.97	2.75	
上 海	1.92	0.33		5.47	19.57		20.23	58.68		3.70	3.00	
江 苏	1.37	0.63		5.99	12.21		28.65	42.84		4.78	3.51	
浙 江	1.12	2.23		7.31	4.79		29.61	16.27		4.05	3.39	
安 徽	0.64	0.41	69.82	6.16	12.57	2.00	46.00	35.45	8.00	7.47	2.82	4.00
福 建	0.32	0.93		16.23	16.31		81.07	48.35		4.99	2.96	
江 西	0.14	1.00		11.40	15.80		50.13	47.70		4.40	3.02	
山 东	0.51	0.26		9.41	19.76		48.20	72.78		5.12	3.68	
河 南	0.29	0.32		15.89	15.11		71.63	47.33		4.51	3.13	
湖 北	1.95	0.26		6.24	15.04		17.69	41.97		2.83	2.79	
湖 南	1.32	0.74		6.86	23.32		27.49	52.96		4.01	2.27	
广 东	1.29	1.01	42.52	5.20	9.68	2.47	18.96	37.21	8.00	3.65	3.85	3.24
广 西	0.49	0.92	0.31	7.89	13.31	3.19	47.61	44.41	6.79	6.04	3.34	2.13
海 南	0.74	0.63	1.01	12.30	18.59	2.47	53.47	59.61	8.00	4.35	3.21	3.24
重 庆	0.51	0.47		11.25	14.93		53.86	50.39		4.79	3.37	
四 川	0.47	0.68		9.21	13.75		48.09	38.75		5.22	2.82	
贵 州	0.46	0.55		10.17	9.39		65.73	39.70		6.46	4.23	
云 南	0.17	0.80		12.26	9.36		59.94	34.36		4.89	3.67	
西 藏	0.21	0.34		36.46	10.79		192.31	19.83		5.27	1.84	
陕 西	1.11	0.12		29.18	13.84		92.61	49.83		3.17	3.60	
甘 肃	0.17	0.16		18.05	11.46		84.13	33.10		4.66	2.89	
青 海	0.14	0.26		6.95	13.68		33.82	48.39		4.87	3.54	
宁 夏	0.39			6.08			24.21			3.98		
新 疆	0.42	0.27	120.24	6.29	7.21	2.00	19.44	15.84	8.00	3.09	2.20	4.00
兵 团												

各地区使用《中国标准书号》各类图书的平均印数、平均印张、平均定价和平均印张定价（续表17）

S 农业科学

	平均印数（万册/种）			平均印张（印张/册）			平均定价（元/册）			平均印张定价（元/印张）		
	新版	重印	租型	新版	重印	租型	新版	重印	租型	新版	重印	租型
全国总计	0.25	0.39		10.31	10.83		58.44	33.27		5.67	3.07	
中　央	0.25	0.33		10.15	12.44		61.41	37.94		6.05	3.05	
地　方	0.25	0.58		10.56	7.98		53.63	24.99		5.08	3.13	
北　京	0.25	1.01		10.28	9.96		69.10	30.84		6.73	3.10	
天　津	0.37	0.48		12.31	8.61		40.79	28.89		3.31	3.35	
河　北	0.22	0.28		13.50	13.22		53.10	24.00		3.93	1.82	
山　西	0.23	0.60		20.57	10.25		72.14	30.23		3.51	2.95	
内 蒙 古	0.11	0.19		12.98	14.11		65.08	41.39		5.02	2.93	
辽　宁	0.16	0.32		12.53	13.13		42.84	39.91		3.42	3.04	
吉　林	0.12	0.49		14.40	7.67		68.90	11.30		4.78	1.47	
黑 龙 江	0.14	0.06		10.28	12.29		56.04	37.53		5.45	3.05	
上　海	0.19	0.43		17.89	9.55		116.62	34.99		6.52	3.66	
江　苏	0.31	0.81		7.93	5.43		46.97	20.06		5.92	3.69	
浙　江	0.40	0.19		10.64	8.45		66.96	26.98		6.29	3.19	
安　徽	0.39	0.78		9.00	10.81		37.60	27.82		4.18	2.57	
福　建	0.38	0.73		11.40	8.26		60.79	27.08		5.33	3.28	
江　西	0.20	1.59		13.94	7.58		71.97	18.34		5.16	2.42	
山　东	0.31	0.47		15.67	7.70		97.23	30.19		6.21	3.92	
河　南	0.18	0.91		11.14	6.16		60.33	15.22		5.42	2.47	
湖　北	0.26	0.52		11.04	11.01		75.18	47.89		6.81	4.35	
湖　南	0.66	0.66		10.91	5.64		42.86	21.96		3.93	3.89	
广　东	0.27	0.34		9.21	7.27		63.23	31.15		6.87	4.28	
广　西	0.55	1.01		5.35	5.78		32.36	26.23		6.05	4.54	
海　南	0.27	1.00		8.18	33.77		68.38	32.80		8.36	0.97	
重　庆	0.91	0.14		7.22	18.62		24.40	45.04		3.38	2.42	
四　川	0.32	0.27		7.34	13.71		47.93	37.44		6.53	2.73	
贵　州	0.33	0.26		6.68	4.61		27.51	22.93		4.12	4.98	
云　南	0.12	0.44		11.63	8.17		70.49	24.51		6.06	3.00	
西　藏		0.46			2.94			16.50			5.61	
陕　西	0.12	0.39		13.92	10.10		50.95	24.94		3.66	2.47	
甘　肃	0.15	0.21		12.72	15.17		49.18	39.00		3.87	2.57	
青　海	0.09	0.20		12.03	10.21		47.72	22.58		3.97	2.21	
宁　夏	0.15	0.19		15.00	15.34		71.60	42.48		4.77	2.77	
新　疆	0.30	0.87		8.46	4.81		24.00	13.41		2.84	2.79	
兵　团	0.08	1.10		19.00	12.63		118.67	20.00		6.25	1.58	

各地区使用《中国标准书号》各类图书的平均印数、平均印张、平均定价和平均印张定价（续表18）

T 工业技术

	平均印数（万册/种）新版	重印	租型	平均印张（印张/册）新版	重印	租型	平均定价（元/册）新版	重印	租型	平均印张定价（元/印张）新版	重印	租型
全国总计	0.31	0.30		16.70	17.51		68.95	47.73		4.13	2.73	
中　　央	0.34	0.28		17.66	18.20		70.27	48.69		3.98	2.68	
地　　方	0.26	0.37		14.09	14.85		65.38	44.00		4.64	2.96	
北　　京	0.42	0.62		17.05	16.58		76.01	54.99		4.46	3.32	
天　　津	0.22	0.28		16.09	17.91		64.87	56.70		4.03	3.17	
河　　北	0.32	0.98		12.03	7.28		55.69	14.83		4.63	2.04	
山　　西	0.22	0.20		18.55	10.68		68.53	38.00		3.69	3.56	
内 蒙 古	0.10	0.35		19.05	6.32		82.39	23.82		4.33	3.77	
辽　　宁	0.22	0.27		13.25	15.85		64.93	51.88		4.90	3.27	
吉　　林	0.12	0.52		12.69	14.11		57.92	39.18		4.56	2.78	
黑 龙 江	0.10	0.14		15.93	17.68		52.00	34.80		3.26	1.97	
上　　海	0.32	0.47		15.59	16.85		85.12	43.59		5.46	2.59	
江　　苏	0.27	0.39		13.47	14.01		66.31	43.12		4.92	3.08	
浙　　江	0.40	0.22		11.32	13.96		57.08	42.12		5.04	3.02	
安　　徽	0.31	0.25		11.68	14.79		82.93	39.53		7.10	2.67	
福　　建	0.30	0.66		14.24	15.43		90.45	41.24		6.35	2.67	
江　　西	0.42	0.79		13.18	16.31		48.95	53.05		3.71	3.25	
山　　东	0.55	0.59		14.39	14.90		52.57	44.54		3.65	2.99	
河　　南	0.23	0.28		12.37	12.26		56.34	40.25		4.55	3.28	
湖　　北	0.20	0.22		16.54	17.53		78.04	48.66		4.72	2.78	
湖　　南	0.43	0.45		15.20	13.99		61.90	42.22		4.07	3.02	
广　　东	0.61	0.46		7.26	17.32		39.65	50.50		5.46	2.92	
广　　西	0.55	1.96		9.76	6.98		80.35	33.33		8.24	4.78	
海　　南	0.38	0.66		13.16	12.73		85.63	48.45		6.51	3.81	
重　　庆	0.26	0.24		15.01	14.79		55.47	41.56		3.70	2.81	
四　　川	0.24	0.53		16.31	9.99		64.89	37.99		3.98	3.80	
贵　　州	0.33	0.16		8.48	10.83		44.02	26.94		5.19	2.49	
云　　南	0.26	0.43		16.73	9.96		100.74	37.88		6.02	3.80	
西　　藏	0.17	0.28		16.72	6.23		50.60	18.09		3.03	2.90	
陕　　西	0.17	0.25		15.52	18.34		48.02	44.38		3.09	2.42	
甘　　肃	0.17	0.06		11.56	21.55		67.46	54.22		5.84	2.52	
青　　海	0.06			6.96			28.09			4.03		
宁　　夏	0.37	0.18		10.98	37.78		56.33	88.00		5.13	2.33	
新　　疆	0.26	0.28		8.59	5.96		28.92	12.50		3.37	2.10	
兵　　团	0.01			15.00			50.00			3.33		

各地区使用《中国标准书号》各类图书的平均印数、平均印张、平均定价和平均印张定价（续表19）

U 交通运输

	平均印数（万册/种）			平均印张（印张/册）			平均定价（元/册）			平均印张定价（元/印张）		
	新版	重印	租型	新版	重印	租型	新版	重印	租型	新版	重印	租型
全国总计	**0.28**	**0.34**		**14.67**	**13.67**		**62.68**	**41.31**		**4.27**	**3.02**	
中　央	**0.31**	**0.32**		**15.35**	**14.11**		**66.01**	**41.12**		**4.30**	**2.91**	
地　方	**0.24**	**0.39**		**13.17**	**12.48**		**55.34**	**41.83**		**4.20**	**3.35**	
北　京	0.62	1.36		6.27	6.58		37.68	43.58		6.01	6.63	
天　津	0.08	0.14		17.10	11.84		57.73	32.16		3.38	2.72	
河　北	0.07	0.71		10.02	3.02		36.54	25.44		3.64	8.43	
山　西	0.07			13.79			62.20			4.51		
内蒙古		0.06			10.50			28.00			2.67	
辽　宁	0.25	0.20		17.43	17.90		57.26	53.87		3.29	3.01	
吉　林	0.12	0.53		11.95	13.20		51.87	36.80		4.34	2.79	
黑龙江	0.08	0.13		14.97	15.87		53.94	34.58		3.60	2.18	
上　海	0.31	0.48		14.08	16.78		53.25	38.96		3.78	2.32	
江　苏	0.17	0.28		16.85	13.59		64.25	77.48		3.81	5.70	
浙　江	0.42	2.18		7.49	6.77		71.66	24.92		9.57	3.68	
安　徽	0.65	1.10		5.02	3.10		55.23	25.34		11.01	8.17	
福　建	2.40	0.62		6.25	19.05		187.84	161.02		30.05	8.45	
江　西	0.17	2.53		12.98	1.35		125.44	16.11		9.67	11.94	
山　东	0.48	0.33		19.60	13.51		65.14	43.40		3.32	3.21	
河　南	0.27	0.24		11.33	12.69		33.53	30.31		2.96	2.39	
湖　北	0.15	0.14		15.18	11.58		50.93	32.15		3.36	2.78	
湖　南	0.21	0.73		17.59	11.05		88.76	36.24		5.04	3.28	
广　东	0.11	0.21		19.10	9.22		526.11	42.41		27.55	4.60	
广　西	1.16	1.15		3.60	3.33		37.21	41.22		10.32	12.38	
海　南	0.04			25.75			52.00			2.02		
重　庆	0.21	0.79		12.74	12.23		47.83	38.17		3.75	3.12	
四　川	0.17	0.23		14.27	15.40		53.57	42.60		3.75	2.77	
贵　州	0.60			12.80			42.76			3.34		
云　南	0.12	0.20		9.25	3.00		36.72	18.00		3.97	6.00	
西　藏												
陕　西	0.29	0.41		15.12	4.66		44.60	103.63		2.95	22.23	
甘　肃	0.06			18.91			82.58			4.37		
青　海												
宁　夏												
新　疆		0.21			14.50			65.00			4.48	
兵　团												

各地区使用《中国标准书号》各类图书的平均印数、平均印张、平均定价和平均印张定价（续表20）

V 航空、航天

	平均印数（万册/种）			平均印张（印张/册）			平均定价（元/册）			平均印张定价（元/印张）		
	新版	重印	租型	新版	重印	租型	新版	重印	租型	新版	重印	租型
全国总计	**0.25**	**0.36**		**13.38**	**12.61**		**76.43**	**48.01**		**5.71**	**3.81**	
中　央	**0.23**	**0.33**		**14.80**	**13.45**		**82.74**	**50.95**		**5.59**	**3.79**	
地　方	**0.30**	**0.46**		**11.06**	**10.97**		**66.09**	**42.30**		**5.97**	**3.86**	
北　京	1.04	1.12		5.33	8.87		40.36	40.64		7.57	4.58	
天　津		0.81			5.60			55.47			9.90	
河　北	0.15			9.29			39.00			4.20		
山　西	0.65			9.52			22.92			2.41		
内蒙古												
辽　宁	0.50	0.22		3.71	14.77		58.00	55.03		15.65	3.72	
吉　林	0.36	0.18		9.93	6.52		43.79	27.67		4.41	4.24	
黑龙江	0.10	0.04		21.27	9.79		88.77	34.42		4.17	3.52	
上　海	0.18	1.14		24.53	3.35		170.50	21.72		6.95	6.49	
江　苏	0.11	1.17		10.32	5.25		43.17	27.42		4.18	5.22	
浙　江	0.42	0.30		6.89	19.00		80.58	40.00		11.69	2.11	
安　徽	1.21	0.44		5.32	6.21		57.58	23.44		10.83	3.77	
福　建		0.50			6.48			25.00			3.86	
江　西	0.05			5.35			20.00			3.74		
山　东	0.80	0.60		10.00	9.75		45.00	25.00		4.50	2.56	
河　南	0.20			7.32			58.67			8.02		
湖　北	0.21			12.59			67.98			5.40		
湖　南	0.12	0.41		14.40	17.95		56.63	68.59		3.93	3.82	
广　东												
广　西	0.60	0.90		3.72	6.02		40.00	33.86		10.76	5.62	
海　南												
重　庆												
四　川	0.24	0.39		12.03	18.92		51.86	53.38		4.31	2.82	
贵　州												
云　南	1.21	1.15		8.26	7.91		30.00	29.15		3.63	3.68	
西　藏												
陕　西	0.20	0.26		14.37	14.30		60.62	50.82		4.22	3.55	
甘　肃	0.30			7.13			38.00			5.33		
青　海												
宁　夏												
新　疆	0.00			6.25			25.00			4.00		
兵　团												

各地区使用《中国标准书号》各类图书的平均印数、平均印张、平均定价和平均印张定价（续表21）

X 环境科学

	平均印数（万册/种）			平均印张（印张/册）			平均定价（元/册）			平均印张定价（元/印张）		
	新版	重印	租型	新版	重印	租型	新版	重印	租型	新版	重印	租型
全国总计	0.57	0.50		8.36	9.99		34.62	31.99		4.14	3.20	
中　　央	0.34	0.33		11.63	13.61		54.03	43.23		4.65	3.18	
地　　方	0.91	1.12		6.45	6.05		23.28	19.75		3.61	3.26	
北　　京	0.54	0.66		8.57	8.23		45.42	33.52		5.30	4.07	
天　　津	0.11	0.38		16.51	12.57		71.29	41.34		4.32	3.29	
河　　北	0.10			15.98			48.13			3.01		
山　　西	0.50			6.01			38.48			6.41		
内 蒙 古	0.48			6.82			26.41			3.87		
辽　　宁	0.16	2.07		11.00	7.18		59.88	16.25		5.44	2.26	
吉　　林	0.29	0.37		4.27	10.26		39.19	41.60		9.17	4.05	
黑 龙 江	0.20	0.17		4.57	16.74		20.93	36.96		4.58	2.21	
上　　海	0.19	0.49		15.37	9.90		73.16	28.85		4.76	2.91	
江　　苏	0.63	1.12		8.50	8.28		31.07	22.86		3.66	2.76	
浙　　江	0.46	3.70		11.18	2.90		44.18	11.38		3.95	3.92	
安　　徽	0.73	0.92		5.57	9.32		59.44	26.38		10.68	2.83	
福　　建	1.91	4.41		4.95	1.58		20.57	13.09		4.16	8.27	
江　　西	0.44	2.07		6.69	5.90		58.03	14.78		8.68	2.51	
山　　东	0.31	0.34		7.71	10.82		38.80	27.37		5.03	2.53	
河　　南	0.20	0.24		10.78	7.46		42.07	20.44		3.90	2.74	
湖　　北	7.60	0.17		5.77	17.90		13.62	41.17		2.36	2.30	
湖　　南	0.42	1.48		6.34	10.88		66.78	40.72		10.53	3.74	
广　　东	0.36	0.94		10.22	6.24		52.04	25.68		5.09	4.11	
广　　西	0.35	0.65		7.41	9.32		58.38	32.42		7.88	3.48	
海　　南	0.12			19.03			48.05			2.53		
重　　庆	0.17	0.11		7.60	8.79		53.08	23.46		6.98	2.67	
四　　川	0.24	0.71		11.65	7.35		52.50	21.34		4.51	2.90	
贵　　州	0.67	0.20		7.45	5.70		20.50	23.97		2.75	4.21	
云　　南	0.61			4.12			16.95			4.11		
西　　藏	0.15			6.77			26.00			3.84		
陕　　西	0.16	0.51		6.48	12.04		55.53	46.89		8.56	3.89	
甘　　肃	0.04			5.24			52.65			10.06		
青　　海	0.19			13.30			35.80			2.69		
宁　　夏	0.62	0.10		12.79	7.56		50.48	38.00		3.95	5.03	
新　　疆	0.62	1.32		8.18	2.82		18.48	12.30		2.26	4.36	
兵　　团	0.05			22.50			68.00			3.02		

各地区使用《中国标准书号》各类图书的平均印数、平均印张、平均定价和平均印张定价（续表22）

Z 综合性图书

	平均印数（万册/种）			平均印张（印张/册）			平均定价（元/册）			平均印张定价（元/印张）		
	新版	重印	租型	新版	重印	租型	新版	重印	租型	新版	重印	租型
全国总计	0.38	1.45		14.16	9.69		88.85	42.58		6.27	4.39	
中　央	0.39	1.85		13.41	9.29		107.93	51.60		8.05	5.55	
地　方	0.38	1.25		14.47	10.00		80.81	35.64		5.58	3.56	
北　京	0.89	2.36		6.94	19.17		69.35	47.10		9.99	2.46	
天　津	0.30	0.72		15.75	10.45		82.78	54.61		5.26	5.23	
河　北	0.10			28.36			258.17			9.10		
山　西	0.09			27.76			213.24			7.68		
内 蒙 古	0.07	0.10		33.86	9.77		216.50	35.00		6.39	3.58	
辽　宁	0.12	0.46		20.57	15.55		125.36	58.89		6.09	3.79	
吉　林	0.20	0.74		12.37	8.69		79.07	24.98		6.39	2.88	
黑 龙 江	0.10	0.53		13.57	6.33		91.99	22.76		6.78	3.60	
上　海	0.89	2.21		65.69	14.78		155.37	41.57		2.37	2.81	
江　苏	0.17	2.58		18.20	4.61		160.40	17.94		8.82	3.89	
浙　江	5.96	0.95		5.73	16.90		30.61	53.66		5.34	3.17	
安　徽	0.11	0.84		18.55	8.86		125.21	33.51		6.75	3.78	
福　建	0.14			21.54			154.40			7.17		
江　西	0.84	0.69		10.19	12.58		47.55	44.82		4.66	3.56	
山　东	1.36	0.50		11.60	5.48		59.10	33.29		5.09	6.08	
河　南	0.11	0.34		29.92	11.54		243.56	52.09		8.14	4.51	
湖　北	1.22	5.67		3.15	3.24		21.21	13.37		6.73	4.13	
湖　南	1.80	0.95		8.18	17.02		32.07	79.30		3.92	4.66	
广　东	0.19	1.46		20.22	5.70		133.96	23.64		6.63	4.15	
广　西	0.53	1.14		8.65	3.97		138.08	39.80		15.96	10.02	
海　南	0.27	1.00		13.03	12.13		75.94	25.57		5.83	2.11	
重　庆	0.38	0.25		15.53	9.84		70.03	36.80		4.51	3.74	
四　川	0.34	0.99		10.44	17.46		59.34	61.84		5.68	3.54	
贵　州	0.33	0.60		7.80	3.26		86.02	16.50		11.03	5.07	
云　南	0.12	0.83		23.14	10.53		183.97	31.76		7.95	3.02	
西　藏	0.08			27.41			170.11			6.21		
陕　西	0.11	0.58		18.97	6.78		158.57	48.62		8.36	7.17	
甘　肃	0.09	0.07		30.58	18.50		192.28	53.00		6.29	2.86	
青　海	0.08			26.18			192.16			7.34		
宁　夏	0.07	5.00		32.53	18.26		268.54	26.80		8.26	1.47	
新　疆	0.19	0.47		7.73	6.67		42.18	26.00		5.45	3.90	
兵　团	0.10			19.52			132.49			6.79		

各类课本的平均印数、平均印张、平均定价和平均印张定价

	平均印数（万册/种）			平均印张（印张/册）			平均定价（元/册）			平均印张定价（元/印张）		
	新版	重印	租型	新版	重印	租型	新版	重印	租型	新版	重印	租型
课 本 合 计	**1.27**	**2.57**	**21.29**	**9.63**	**7.89**	**7.35**	**21.84**	**13.22**	**7.70**	**2.27**	**1.68**	**1.05**
(1) 大专及以上课本	0.42	0.49		17.06	18.10		47.74	42.11		2.80	2.33	
(2) 中专、技校课本	1.28	1.04		12.97	13.46		29.84	27.84		2.30	2.07	
(3) 中学课本	8.02	13.92	19.25	7.77	7.18	8.37	10.24	8.08	8.58	1.32	1.13	1.03
(4) 小学课本	15.73	16.70	25.20	4.11	4.53	6.21	6.56	6.30	6.70	1.60	1.39	1.08
(5) 业余教育课本	0.85	0.64		24.71	15.22		69.08	38.21		2.80	2.51	
(6) 扫盲课本		0.10			3.24			16.00			4.93	
(7) 教学用书	0.77	0.67	0.46	15.80	15.44	13.57	47.07	43.76	39.39	2.98	2.83	2.90

全国少数民族文字图书出版数量与上年相比增减百分比

	图书总计				使用《中国标准书号》部分						
	种数		印数	印张	书籍				课本			
	合计	新版			种数		印数	印张	种数		印数	印张
					合计	新版			合计	新版		
全国总计	-10.93	-11.82	-11.12	-21.10	-11.28	-10.55	-19.36	-31.39	-9.74	-20.74	-2.71	-5.13
中央	-38.50	-23.83	-51.83	-48.63	-37.92	-22.73	-51.28	-48.60	-36.11	-11.11	-62.50	-48.86
地方	-8.94	-10.52	-9.45	-18.47	-8.79	-9.15	-16.79	-28.62	-9.20	-21.07	-2.48	-4.78

续表

| | 不使用《中国标准书号》部分——图片合计 ||||
| | 种数 || 印数 | 印张 |
	合计	新版		
全国总计	-63.64	-63.64	-33.33	84.44
中央	-100.00	-100.00		-100.00
地方	-33.33	-33.33	-33.33	144.12

全国少数民族文字

	图 书 总 计				使用《中国标 书 籍			
	种数（种）		印数 （万册、张）	印张 （千印张）	种数（种）		印数 （万册、张）	印张 （千印张）
	合计	新版			合计	新版		
全国合计	5622	2321	3701	324184	3997	2103	1687	171371
中央合计	262	195	79	18450	239	187	76	17797
地　方	5360	2126	3622	305734	3758	1916	1611	153574
内 蒙 古	2164	634	1497	126866	1369	565	630	60293
辽　宁	177	77	32	2914	153	76	25	2432
吉　林	686	287	188	15567	451	236	117	9852
黑 龙 江	18	12	4	583	18	12	4	583
广　西	36	25	12	1339	26	21	9	1178
四　川	656	184	515	55285	463	165	196	26536
贵　州	40	40	5	621	39	39	5	617
云　南	173	168	31	3583	130	128	21	2929
西　藏	496	185	438	41036	392	176	229	24592
甘　肃	112	93	33	5277	112	93	33	5277
青　海	242	64	290	22874	105	64	55	4790
新　疆	560	357	577	29789	500	341	287	14495

注：本年出版少数民族文字图书的文种有：布依文、朝鲜文、傣文、德宏傣文、侗文、规范彝文、哈尼文、哈萨克文、景颇藏文、壮文等20余种。

图书出版数量

准书号》部分		课　本			不使用《中国标准书号》部分——图片合计				附：活页文选、影印书等用纸	
种数（种）		印数（万册、张）	印张（千印张）		种数（种）		印数（万册、张）	印张（千印张）	印数（万册、张）	印张（千印张）
合计	新版				合计	新版				
1621	**214**	**2011**	**152690**		4	4	2	83	1	40
23	8	3	653							
1598	206	2008	152037		4	4	2	83	1	40
795	69	867	66573							
24	1	7	482							
235	51	71	5715							
10	4	3	161							
193	19	319	28749							
1	1		4							
43	40	9	614						1	40
104	9	209	16444							
137		235	18084							
56	12	288	15211		4	4	2	83		

文、柯尔克孜文、拉祜文、傈僳文、满文、蒙古文、苗文、纳西文、佤文、维吾尔文、西双版纳文、锡伯文、瑶文、载佤文、

二、期刊出版

全国各地区各类期刊

	合计					
	种数（种）	平均期印数（万册）	总印数（万册）	总印张（千印张）	总金额（万元）	种数（种）
全国总计	**10192**	**11133.24**	**203524**	**11639533**	**2119166**	**354**
中　央	**3108**	**5013.73**	**72959**	**5283913**	**939853**	**64**
地　方	**7084**	**6119.51**	**130564**	**6355621**	**1179313**	**290**
北　京	171	129.22	2334	150445	29355	2
天　津	250	135.75	2648	125291	30151	2
河　北	226	176.42	3908	190800	32140	10
山　西	202	101.50	1997	132248	24803	3
内蒙古	151	63.74	1129	57669	6354	3
辽　宁	321	349.58	6372	282544	47054	6
吉　林	241	132.76	3878	186642	32876	3
黑龙江	316	141.43	2487	131838	22629	8
上　海	642	419.06	6214	342107	71850	14
江　苏	476	309.05	10936	474850	111576	16
浙　江	236	336.23	6430	298580	52082	21
安　徽	186	185.32	3485	158197	30575	25
福　建	174	133.12	2017	103095	19874	6
江　西	166	270.07	7959	228945	48907	6
山　东	277	330.59	7110	322681	48508	17
河　南	252	266.28	6799	324980	51831	21
湖　北	432	368.64	7052	382809	65897	21
湖　南	260	407.03	9549	443024	86113	13
广　东	387	462.73	9887	492203	84719	26
广　西	179	146.87	3499	146116	27774	12
海　南	42	25.86	307	21391	3976	2
重　庆	143	151.40	3203	174728	38027	4
四　川	364	273.01	5131	284989	60999	14
贵　州	93	55.68	1436	93930	14948	5
云　南	129	122.53	1869	87768	14945	6
西　藏	40	21.82	246	14800	2409	1
陕　西	288	137.07	3034	176046	33982	6
甘　肃	132	359.25	7971	438753	69305	7
青　海	55	15.67	262	14363	2085	
宁　夏	37	18.43	380	25092	5132	1
新　疆	199	61.28	917	43669	7052	8
兵　团	17	12.10	120	5026	1386	1

注：含高校学报、公报、政报、年鉴1612种，平均期印数290.59万册，总印数3561.04万册，总印张1052271.37千印张。

出版数量

综合				哲学、社会科学				
平均期印数（万册）	总印数（万册）	总印张（千印张）	总金额（万元）	种数（种）	平均期印数（万册）	总印数（万册）	总印张（千印张）	总金额（万元）
597.10	**12352**	**701284**	**123170**	**2688**	**6422.82**	**106315**	**5535650**	**1024127**
77.75	**1668**	**114753**	**24055**	**936**	**3814.88**	**55006**	**3021987**	**597448**
519.34	**10683**	**586532**	**99115**	**1752**	**2607.95**	**51309**	**2513662**	**426679**
0.13	0.28	65	30	49	53.07	1044	59135	11115
0.25	2	190	20	48	46.99	1056	46359	8580
2.08	22	1332	439	59	84.78	1597	77675	11659
0.81	26	1946	643	55	46.09	700	41205	8335
1.15	13	887	232	50	44.72	757	34920	3077
3.02	22	1612	363	73	202.88	4188	177905	26710
1.37	24	1688	414	62	43.90	1200	58736	8894
1.77	16	1258	277	74	73.45	1100	59748	10481
6.46	49	3370	829	147	145.13	2475	119001	24011
2.60	22	2149	644	106	123.33	4551	198997	45062
2.87	21	1355	412	49	113.81	1640	94814	17042
2.60	16	1424	321	34	63.56	1164	53704	10343
0.44	2	179	25	55	89.19	1348	63692	11201
1.80	23	1544	395	49	79.54	1903	72782	13669
8.17	241	10871	2186	78	186.22	2506	156981	20524
2.49	14	1326	237	68	133.05	3124	168457	26231
138.40	2400	122577	17195	105	116.02	2320	108984	19679
1.64	7	894	270	53	113.44	2236	104000	16731
17.80	307	15099	4473	100	211.20	4602	219891	33338
2.53	44	2641	515	46	64.91	1212	57488	8307
8.20	48	4872	928	14	7.46	84	4699	893
1.90	31	2947	1063	33	105.30	1837	88845	17111
21.00	629	25056	5789	76	134.57	2386	130483	24418
0.71	8	633	226	30	40.44	1147	75919	11449
1.51	23	1841	630	39	86.17	1111	49374	7055
0.30	1	132	7	13	11.33	99	4431	705
1.37	14	1301	300	56	63.75	1537	81570	13130
280.66	6630	375225	59963	34	60.48	1093	43385	6623
				21	7.85	149	5561	872
0.28	3	458	134	14	12.18	294	17259	3244
5.02	25	1650	152	56	39.08	777	34286	5496
0.03	0.10	9	1	6	4.07	73	3378	695

全国各地区各类期刊

	自然科学、技术						
	种数（种）	平均期印数（万册）	总印数（万册）	总印张（千印张）	总金额（万元）	种数（种）	平均期印数（万册）
全国总计	5088	1731.79	25354	2567822	395674	1401	1867.36
中　央	1605	645.51	8130	1529620	191690	363	365.71
地　方	3483	1086.28	17223	1038202	203984	1038	1501.65
北　京	75	22.04	289	22250	4921	33	42.03
天　津	146	39.14	530	32780	8338	33	23.97
河　北	108	40.51	636	46302	9017	35	42.03
山　西	92	19.71	239	21373	3517	33	24.77
内蒙古	51	9.65	225	13338	1792	24	3.98
辽　宁	179	61.30	714	44465	9583	45	77.93
吉　林	105	14.08	178	15892	3659	45	30.18
黑龙江	163	39.12	852	41116	6251	53	17.66
上　海	361	110.71	1260	107366	21007	78	76.63
江　苏	264	92.13	1868	84053	18792	61	64.41
浙　江	118	35.51	364	22818	4198	31	172.53
安　徽	88	36.14	595	35262	4688	26	68.77
福　建	71	22.22	206	13549	3735	31	17.03
江　西	69	14.36	195	10582	1770	32	168.02
山　东	135	32.02	362	23910	4867	30	74.41
河　南	118	29.58	656	32420	6582	24	82.19
湖　北	212	52.70	683	56439	12172	64	37.40
湖　南	133	65.57	872	43708	8393	46	208.51
广　东	182	171.85	3737	185979	31660	47	49.90
广　西	76	30.16	576	27750	6005	29	45.99
海　南	13	2.88	49	2904	539	10	6.16
重　庆	84	17.77	283	24889	5515	19	25.71
四　川	212	42.30	531	45865	9138	45	69.20
贵　州	36	5.77	59	4635	967	15	7.60
云　南	51	12.11	211	11362	2525	21	14.84
西　藏	9	2.33	11	582	102	12	7.01
陕　西	175	41.37	867	52890	11842	37	24.38
甘　肃	66	8.75	76	7121	1319	20	8.42
青　海	18	1.95	10	658	105	8	3.94
宁　夏	11	2.62	28	2310	440	7	2.48
新　疆	56	8.80	55	3305	496	43	3.49
兵　团	6	1.13	5	329	49	1	0.06

出版数量（续表）

文化、教育			文学、艺术				
总印数 （万册）	总印张 （千印张）	总金额 （万元）	种数 （种）	平均期印数 （万册）	总印数 （万册）	总印张 （千印张）	总金额 （万元）
48551	**2241331**	**447544**	**661**	**514.17**	**10952**	**593447**	**128652**
6279	**485257**	**94730**	**140**	**109.87**	**1876**	**132296**	**31930**
42272	**1756073**	**352814**	**521**	**404.30**	**9076**	**461151**	**96722**
838	52326	9989	12	11.94	162	16669	3300
512	19526	5153	21	25.40	548	26435	8060
1525	56346	9551	14	7.01	128	9145	1474
840	57430	10067	19	10.12	192	10294	2242
92	5285	744	23	4.24	42	3239	509
1374	52890	8990	18	4.45	75	5672	1408
830	33077	7377	26	43.23	1646	77249	12531
424	24587	4662	18	9.43	94	5130	958
1048	51781	13259	42	80.13	1382	60589	12744
3741	154011	36953	29	26.58	753	35639	10124
4169	167713	27353	17	11.50	235	11880	3077
1452	52697	9806	13	14.26	257	15110	5417
417	22067	4249	11	4.24	44	3607	664
5625	135153	31142	10	6.36	213	8886	1931
3148	107781	16048	17	29.78	853	23138	4882
2423	96865	13555	21	18.97	581	25913	5225
891	45066	7968	30	24.13	758	49744	8883
5988	268709	56465	15	17.87	446	25712	4255
1106	59821	12710	32	11.97	135	11413	2538
1642	56307	12634	16	3.28	24	1930	312
116	8030	1453	3	1.17	10	885	162
1046	57777	14281	3	0.73	6	270	58
1510	77742	20661	17	5.94	75	5844	993
200	10040	1866	7	1.16	23	2703	441
364	16723	3408	12	7.90	158	8469	1327
132	9397	1562	5	0.85	4	257	33
492	31669	6954	14	6.20	125	8617	1756
167	12474	1347	5	0.94	6	547	53
85	6643	891	8	1.93	17	1501	217
46	4114	1222	4	0.87	9	951	92
30	2006	492	36	4.90	30	2422	415
0.36	19	2	3	6.82	41	1291	639

全国各地区少儿期刊、画刊出版数量

	少儿期刊					画刊				
	种数（种）	平均期印数（万册）	总印数（万册）	总印张（千印张）	总金额（万元）	种数（种）	平均期印数（万册）	总印数（万册）	总印张（千印张）	总金额（万元）
全国总计	209	1088.53	33466	1020577	270591	50	40.06	563	43325	12503
中 央	34	196.17	5019	139877	51390	18	17.85	227	20697	4132
地 方	175	892.36	28447	880700	219202	32	22.21	335	22628	8370
北 京	4	9.12	122	6470	1889					
天 津	9	14.05	427	14464	5922	1	0.61	4	255	72
河 北	3	18.98	717	16924	3507	2	1.24	18	937	381
山 西	4	2.57	66	2563	682	1	0.71	25	1893	636
内 蒙 古	5	9.85	220	8813	103	1	0.25	3	113	45
辽 宁	7	31.09	551	15621	4974					
吉 林	5	3.14	93	3933	914	1	0.30	4	278	108
黑 龙 江	9	10.05	172	6176	1327	2	1.00	12	1950	360
上 海	21	51.80	1023	31019	10541	1				
江 苏	11	57.62	4215	138919	42176	1	0.92	88	5743	2629
浙 江	9	127.66	3187	84578	18387	2	1.10	13	637	318
安 徽	9	67.58	1346	38785	9565	1	0.50	6	375	154
福 建	3	6.81	233	8021	2003	1	0.34	4	254	82
江 西	8	52.57	1476	37221	8715	2	1.60	22	1548	540
山 东	6	80.39	3254	78985	15051					
河 南	4	6.52	274	9144	2814					
湖 北	5	40.02	1495	42788	10102	1	1.00	24	1488	600
湖 南	8	118.10	3714	134542	30584	1	0.45	3	351	54
广 东	10	48.89	1406	40000	11259	3	1.90	21	1774	382
广 西	8	22.06	922	26240	7380	1	0.21	3	152	55
海 南										
重 庆	2	10.02	481	21520	5769					
四 川	8	44.06	961	42114	10369	1	0.33	4	295	99
贵 州						1	0.19	7	327	100
云 南	3	10.18	271	12095	2459	1	1.00	20	1550	600
西 藏	1	1.35	32	972	259					
陕 西	5	24.62	1025	37509	8689	2	1.02	12	1152	241
甘 肃	3	17.55	587	15650	2418					
青 海	1	1.80	86	2449	432					
宁 夏						1	0.28	3	458	134
新 疆	4	3.93	92	3183	914	3	1.27	5	189	203
兵 团						1	6.00	36	907	576

各类期刊占期刊出版总数的百分比

	种数	总印数	总印张	总金额
综　　　合	3.47	6.07	6.03	5.81
哲学、社会科学	26.37	52.24	47.56	48.33
自然科学、技术	49.92	12.46	22.06	18.67
文　化、教　育	13.75	23.86	19.26	21.12
文　学、艺　术	6.49	5.38	5.10	6.07
少　儿　期　刊	2.05	16.44	8.77	12.77
画　　　刊	0.49	0.28	0.37	0.59
动　漫　期　刊	0.30	0.63	0.48	0.66

主要刊期的期刊出版数量

	月刊 种数（种）	月刊 平均期印数（万册）	月刊 总印数（万册）	月刊 总印张（千印张）	月刊 总金额（万元）	双月刊 种数（种）	双月刊 平均期印数（万册）	双月刊 总印数（万册）	双月刊 总印张（千印张）	双月刊 总金额（万元）	季刊 种数（种）	季刊 平均期印数（万册）	季刊 总印数（万册）	季刊 总印张（千印张）	季刊 总金额（万元）
全国总计	3452	4595	54746	3326899	670925	3529	819	4886	399410	95316	1287	459	1826	84872	21346
中 央	1375	2156	25812	1693586	368561	778	278	1639	129104	40772	320	342	1364	51434	14014
地 方	2077	2439	28934	1633313	302364	2751	541	3247	270306	54544	967	117	462	33437	7332
北 京	71	86	1032	68885	14700	47	9	57	4892	1118	22	2	8	632	120
天 津	87	49	585	40601	8355	91	19	112	9010	1836	25	3	12	809	269
河 北	53	71	849	50991	8337	72	12	71	6043	1090	38	5	18	1456	196
山 西	57	46	551	34822	7590	69	12	75	6189	983	27	4	17	1198	280
内 蒙 古	44	27	323	16213	1853	63	8	48	3614	544	19	2	7	547	113
辽 宁	116	146	1755	72783	15497	134	24	142	10829	3004	27	3	13	1066	202
吉 林	71	25	298	19398	3669	79	10	61	5676	1268	24	3	11	725	187
黑 龙 江	105	71	839	48200	8292	115	16	98	8430	1551	29	2	8	668	179
上 海	232	214	2540	181628	35740	263	66	398	34517	8011	89	10	41	2666	968
江 苏	102	77	918	58010	11114	212	48	290	26529	5198	75	9	36	2843	542
浙 江	80	207	2473	123446	19904	81	15	86	6888	1523	38	4	15	1057	286
安 徽	52	96	1153	52507	11131	81	15	92	7778	1291	22	3	11	678	141
福 建	45	83	1000	49953	9158	75	14	89	7699	1563	38	4	16	1172	171
江 西	35	72	906	43204	7707	66	10	63	5071	953	22	3	11	797	173
山 东	68	163	1961	99477	13107	124	32	190	13549	2656	34	5	19	1251	257
河 南	60	42	504	32648	5442	91	14	82	6924	1311	33	3	12	1010	199
湖 北	130	192	2183	146686	22290	166	32	195	16400	3143	34	4	14	1195	250
湖 南	68	127	1522	71261	14587	113	19	117	10816	1874	35	5	18	1504	299
广 东	122	162	1893	106123	21596	148	46	269	19495	4032	40	5	18	1206	274
广 西	58	51	595	30547	4763	70	10	62	5595	806	25	3	11	710	125
海 南	17	16	128	9249	1911	8	4	22	2288	551	6	1	3	212	33
重 庆	43	66	788	38805	7680	53	10	63	5968	1217	7	1	2	179	85
四 川	116	111	1322	72879	20668	145	29	178	14540	2886	60	7	29	2134	486
贵 州	25	21	254	17696	2537	40	5	30	2640	524	14	2	8	841	294
云 南	40	92	1076	51159	7645	53	6	38	3563	560	14	2	7	449	72
西 藏	7	8	99	7170	1136	12	3	16	1183	205	16	8	30	1766	261
陕 西	78	30	355	31521	6588	108	20	123	11355	2363	39	5	19	1372	280
甘 肃	31	51	608	33242	5595	68	9	54	5802	983	16	2	7	660	106
青 海	9	5	58	2816	477	16	3	15	1058	179	23	3	14	1175	119
宁 夏	13	6	75	5279	920	9	1	7	725	104	6	1	2	180	25
新 疆	39	27	288	15784	2328	70	10	60	3679	543	67	6	21	1181	326
兵 团	3	1	7	329	45	9	7	44	1558	674	3	1	2	97	14

各类期刊的平均印张和平均定价

	每册 印张	每册 定价（元）	每印张定价（元）
综　　合	5.68	9.97	1.76
哲学、社会科学	5.21	9.63	1.85
自然科学、技术	10.13	15.61	1.54
文化、教育	4.62	9.22	2.00
文学、艺术	5.42	11.75	2.17
少儿期刊	3.05	8.09	2.65
画　　刊	7.70	22.22	2.89
动　　漫	4.32	10.79	2.50

全国少数民族文字期刊分类出版数量

	合计 种数(种)	平均期印数(万册)	总印数(万册)	总印张(千印张)	总金额(万元)	综合 种数(种)	平均期印数(万册)	总印数(万册)	总印张(千印张)	总金额(万元)	哲学、社会科学 种数(种)	平均期印数(万册)	总印数(万册)	总印张(千印张)	总金额(万元)
全国总计	229	76.25	787.87	39119.19	3851.30	9	0.69	5.24	279.74	76.29	77	53.35	647.41	29474.05	2479.51
中　央	17	7.18	55.02	3295.20	837.45	3	0.31	3.75	113.16	56.25	9	5.43	42.70	2314.84	609.82
地　方	212	69.07	732.85	35823.99	3013.85	6	0.37	1.49	166.58	20.04	68	47.92	604.71	27159.21	1869.69
内　蒙古	45	26.54	401.09	17765.30	672.63						19	22.92	371.60	15756.32	423.13
吉　林	14	5.06	57.00	3680.71	382.75						5	4.06	48.76	2870.26	298.03
黑龙江	2	0.70	4.20	256.50	30.00										
广　西	1	0.60	3.60	144.00	28.80										
四　川	6	3.64	18.27	1207.89	204.98						3	2.61	12.47	771.58	118.30
云　南	3	0.42	1.88	88.51	15.80										
西　藏	16	8.52	52.17	2218.39	316.29	1	0.30	1.20	132.30	6.96	5	5.55	39.49	1439.53	220.88
甘　肃	3	0.70	2.60	231.68	19.00						2	0.20	0.60	60.48	6.00
青　海	13	2.81	15.75	1125.46	81.06						6	1.21	8.55	444.12	27.28
新　疆	109	20.08	176.29	9105.55	1262.54	5	0.07	0.29	34.28	13.08	28	11.36	123.24	5816.92	776.07

续表1

	自然科学、技术 种数(种)	平均期印数(万册)	总印数(万册)	总印张(千印张)	总金额(万元)	文化、教育 种数(种)	平均期印数(万册)	总印数(万册)	总印张(千印张)	总金额(万元)	文学、艺术 种数(种)	平均期印数(万册)	总印数(万册)	总印张(千印张)	总金额(万元)
全国总计	41	7.23	43.15	2002.46	276.64	38	3.52	22.12	1514.00	198.94	64	11.46	69.95	5848.94	819.92
中　央											5	1.43	8.57	867.20	171.38
地　方	41	7.23	43.15	2002.46	276.64	38	3.52	22.12	1514.00	198.94	59	10.03	61.38	4981.74	648.54
内　蒙古	8	1.05	7.69	361.69	61.38	6	0.75	7.26	446.56	51.56	12	1.82	14.54	1200.73	136.56
吉　林	2	0.18	1.73	119.25	13.97	3	0.39	3.15	202.99	24.69	4	0.43	3.36	488.21	46.06
黑龙江											2	0.70	4.20	256.50	30.00
广　西											1	0.60	3.60	144.00	28.80
四　川						1	0.75	4.47	353.59	67.10	2	0.28	1.33	82.72	19.58
云　南											3	0.42	1.88	88.51	15.80
西　藏	3	1.27	5.08	192.61	30.80	4	0.85	4.10	295.57	39.25	3	0.55	2.30	158.38	18.40
甘　肃											1	0.50	2.00	171.20	13.00
青　海	2	0.22	0.88	59.09	8.02	2	0.40	2.20	171.51	10.40	3	0.98	4.12	450.74	35.36
新　疆	26	4.51	27.77	1269.82	162.47	22	0.39	0.94	43.78	5.94	28	3.75	24.05	1940.75	304.98

续表2

	少儿期刊 种数(种)	平均期印数(万册)	总印数(万册)	总印张(千印张)	总金额(万元)	画刊 种数(种)	平均期印数(万册)	总印数(万册)	总印张(千印张)	总金额(万元)
全国总计	6	10.48	225.76	9248.98	121.70	5	1.24	7.45	251.00	204.09
中　央						3	0.31	3.75	113.16	56.25
地　方	6	10.48	225.76	9248.98	121.70	2	0.92	3.70	137.84	147.84
内　蒙古	2	9.07	213.24	8519.67	36.13					
吉　林	1	0.68	8.16	539.78	65.28					
黑龙江	1	0.60	3.60	180.00	18.00					
广　西										
四　川										
云　南										
西　藏										
甘　肃										
青　海										
新　疆	2	0.13	0.76	9.53	2.29	2	0.92	3.70	137.84	147.84

全国少数民族文字期刊出版数量与上年相比增减百分比

	种数	总印数	总印张	总金额
全国	0.00	3.12	4.99	-20.89
中央	0.00	-15.41	-6.15	4.76
地方	0.00	4.84	6.15	-25.93

三、报纸出版

全国各级报纸出版数量

	合计 种数（种）	合计 平均期印数（万份）	合计 总印数（万份）	合计 总印张（千印张）	合计 总金额（万元）	中央及省、自治区、直辖市级 种数（种）	中央及省、自治区、直辖市级 平均期印数（万份）	中央及省、自治区、直辖市级 总印数（万份）	中央及省、自治区、直辖市级 总印张（千印张）	中央及省、自治区、直辖市级 总金额（万元）
全国总计	1810	15692.99	2891363	65468787	3664303	932	12324.96	1986260	43493819	2553054
中　央	209	2739.33	747841	18761617	945432	209	2739.33	747841	18761617	945432
地　方	1601	12953.66	2143522	46707170	2718871	723	9585.63	1238419	24732203	1607622
北　京	32	118.14	29418	919266	40389	32	118.14	29418	919266	40389
天　津	16	74.66	19621	533138	24473	16	74.66	19621	533138	24473
河　北	62	409.93	102409	1816843	111377	25	282.53	66608	926893	71260
山　西	60	2826.42	213427	1954978	254811	38	2749.13	189746	1484778	224676
内蒙古	55	100.68	24449	456710	26963	20	48.67	10507	204665	11554
辽　宁	66	358.19	57487	1477871	70831	18	223.69	23798	399523	31731
吉　林	51	827.30	57398	868991	94692	24	725.59	43365	636894	75956
黑龙江	56	200.81	32898	452749	47609	20	57.02	13812	195754	15066
上　海	67	305.90	69175	2082420	87523	67	305.90	69175	2082420	87523
江　苏	80	1091.31	192499	3890799	231801	30	720.95	104048	1798109	120348
浙　江	66	650.36	181008	5207065	206930	19	252.44	59825	1135395	72746
安　徽	49	241.25	56092	1095682	58331	17	123.59	27582	532995	30261
福　建	42	363.93	69515	2499573	86555	20	256.39	32713	1310259	39202
江　西	37	1027.50	75566	879895	89865	17	964.60	57402	593683	69939
山　东	82	561.86	155035	4590087	170185	27	258.99	73754	2289023	76119
河　南	77	958.09	132314	2363517	203895	32	766.43	82166	1124103	129738
湖　北	73	240.12	57194	1542870	76598	27	114.80	27604	917618	37840
湖　南	45	406.79	72306	1628226	97984	20	303.96	42363	1066963	67851
广　东	97	568.01	153310	5117384	261607	31	264.97	62591	2578933	115064
广　西	46	170.17	47814	946481	56801	18	87.76	21068	479733	26108
海　南	14	60.20	16951	405643	23567	10	46.02	12978	311394	17796
重　庆	27	85.37	17614	348052	21906	24	80.51	16260	328755	20488
四　川	79	422.15	104858	2076125	136085	32	243.55	50396	1006123	69326
贵　州	27	75.90	23339	513408	30356	11	33.07	9680	247999	13372
云　南	40	115.25	31242	562343	43219	16	66.57	16808	316845	27966
西　藏	26	39.88	9501	131660	7763	10	25.12	5449	91630	3933
陕　西	43	182.27	44348	810918	54811	27	118.59	26593	485888	32078
甘　肃	47	196.24	34347	480161	36547	21	140.85	17592	239580	23665
青　海	25	31.49	7891	196462	7478	12	15.21	3424	84520	4468
宁　夏	13	42.80	8926	190632	13741	7	32.89	6158	137391	10354
新　疆	82	171.74	39814	576428	37535	32	66.62	12219	201597	12017
兵　团	19	28.96	5755	90794	6642	3	16.43	3694	70337	4314

全国各级报纸出版数量（续表）

	地、市级					县级				
	种数（种）	平均期印数（万份）	总印数（万份）	总印张（千印张）	总金额（万元）	种数（种）	平均期印数（万份）	总印数（万份）	总印张（千印张）	总金额（万元）
全国总计	859	3333.1211	895060	21795607	1101966	19	34.91	10043	179360	9283
中　央										
地　方	859	3333.12	895060	21795607	1101966	19	34.91	10043	179360	9283
北　京										
天　津										
河　北	36	126.05	35471	883335	39744	1	1.35	331	6615	374
山　西	21	76.99	23651	469906	30082	1	0.30	29	294	54
内蒙古	32	50.72	13745	250284	15242	3	1.30	198	1761	167
辽　宁	45	132.70	33380	1076802	38803	3	1.80	309	1546	298
吉　林	27	101.70	14033	232097	18736					
黑龙江	36	143.79	19086	256995	32544					
上　海										
江　苏	50	370.36	88451	2092690	111454					
浙　江	44	377.83	114067	3924901	127923	3	20.08	7116	146769	6261
安　徽	32	117.66	28510	562687	28070					
福　建	22	107.54	36803	1189314	47353					
江　西	18	59.77	17670	281274	19308	2	3.14	494	4938	618
山　东	55	302.86	81281	2301065	94066					
河　南	45	191.66	50148	1239414	74157					
湖　北	43	120.15	28221	611565	37458	3	5.17	1369	13687	1301
湖　南	25	102.82	29943	561263	30132					
广　东	66	303.04	90719	2538450	146542					
广　西	28	82.41	26746	466749	30693					
海　南	4	14.18	3974	94248	5771					
重　庆	3	4.87	1354	19297	1418					
四　川	47	178.60	54462	1070002	66759					
贵　州	16	42.83	13659	265410	16984					
云　南	24	48.68	14434	245499	15252					
西　藏	16	14.76	4052	40030	3830					
陕　西	16	63.69	17755	325030	22733					
甘　肃	26	55.39	16755	240581	12882					
青　海	11	14.69	4286	108279	2815	2	1.59	181	3663	195
宁　夏	6	9.91	2768	53241	3387					
新　疆	49	104.94	27577	374745	25502	1	0.17	17	87	16
兵　团	16	12.53	2061	20457	2328					

各级综合报纸出版数量

	合计					中央及省、自治区、直辖市级				
	种数（种）	平均期印数（万份）	总印数（万份）	总印张（千印张）	总金额（万元）	种数（种）	平均期印数（万份）	总印数（万份）	总印张（千印张）	总金额（万元）
全国总计	844	5444.44	1776258	48545415	2220478	195	2825.42	939912	27774005	1201483
中　央	19	1014.00	358247	10956816	405237	19	1014.00	358247	10956816	405237
地　方	825	4430.44	1418011	37588598	1815241	176	1811.42	581665	16817188	796246
北　京	12	71.38	24876	827160	33280	12	71.38	24876	827160	33280
天　津	4	37.21	12241	431627	15584	4	37.21	12241	431627	15584
河　北	26	149.71	48190	1278230	60265	3	42.67	15187	431756	21699
山　西	23	124.45	38245	899774	59395	6	57.47	16428	450748	30331
内蒙古	36	73.05	21895	415976	24073	7	26.18	8372	167360	8808
辽　宁	38	132.81	42527	1351061	52471	7	40.47	13332	334421	16335
吉　林	22	56.75	16079	359587	18506	4	17.77	5103	146188	4414
黑龙江	26	65.04	19584	293221	26801	5	22.59	7355	129033	9317
上　海	11	117.90	42401	1464951	57580	11	117.90	42401	1464951	57580
江　苏	47	381.50	128964	3246546	168167	11	147.39	49500	1342890	68358
浙　江	42	445.97	152480	4704653	171270	4	121.61	41485	875576	49361
安　徽	27	120.98	38412	888771	39140	3	37.40	12673	368392	12873
福　建	22	163.12	53861	1534484	70790	5	60.23	17281	351748	24047
江　西	26	104.62	31476	623428	38352	7	43.71	13613	338716	18666
山　东	39	403.82	127487	4226489	145824	9	168.93	54196	2063064	61345
河　南	34	237.92	72650	1845099	120959	3	73.06	25426	650452	50852
湖　北	35	174.39	52249	1456680	67703	6	79.52	24109	861139	32088
湖　南	28	153.01	49224	1147304	55713	4	60.39	19967	598557	26561
广　东	48	432.22	136339	4495912	229124	5	190.92	52938	2088886	96113
广　西	27	128.00	40180	813099	46985	6	49.11	13767	350619	16434
海　南	4	30.06	10870	317673	15104	2	22.14	7975	245005	11009
重　庆	12	49.21	15397	305655	15441	9	44.34	14043	286358	14022
四　川	41	224.60	73952	1594778	91455	4	63.95	22082	586411	28908
贵　州	16	62.12	21205	484496	27944	3	22.43	7804	224151	11420
云　南	28	89.91	27876	507523	36861	4	41.23	13442	262024	21608
西　藏	19	24.54	7553	120248	5673	3	9.78	3501	80218	1843
陕　西	18	107.47	34794	682715	42570	4	50.83	17343	361499	20268
甘　肃	25	78.68	23147	369860	22541	5	28.67	6995	135597	9887
青　海	16	24.46	7161	184105	6733	4	9.38	2758	74071	3825
宁　夏	8	20.02	6002	116611	9540	3	11.69	3702	77414	6621
新　疆	47	116.70	34955	510164	32770	10	24.61	8076	140819	8476
兵　团	18	28.81	5740	90719	6627	3	16.43	3694	70337	4314

各级综合报纸出版数量（续表）

	地、市级					县　级				
	种数（种）	平均期印数（万份）	总印数（万份）	总印张（千印张）	总金额（万元）	种数（种）	平均期印数（万份）	总印数（万份）	总印张（千印张）	总金额（万元）
全国总计	632	2592.47	828884	20644294	1012330	17	26.56	7463	127116	6664
中　央										
地　方	632	2592.47	828884	20644294	1012330	17	26.56	7463	127116	6664
北　京										
天　津										
河　北	22	105.69	32672	839858	38193	1	1.35	331	6615	374
山　西	16	66.68	21788	448732	29009	1	0.30	29	294	54
内蒙古	26	45.57	13326	246855	15098	3	1.30	198	1761	167
辽　宁	28	90.53	28886	1015094	35838	3	1.80	309	1546	298
吉　林	18	38.98	10976	213400	14092					
黑龙江	21	42.44	12229	164187	17485					
上　海										
江　苏	36	234.11	79464	1903656	99809					
浙　江	36	311.43	106396	3732645	118165	2	12.93	4599	96433	3744
安　徽	24	83.58	25739	520379	26267					
福　建	17	102.89	36580	1182735	46743					
江　西	17	57.77	17370	279774	19068	2	3.14	494	4938	618
山　东	30	234.89	73291	2163425	84480					
河　南	31	164.86	47224	1194646	70107					
湖　北	26	89.70	26771	581854	34315	3	5.17	1369	13687	1301
湖　南	24	92.62	29257	548747	29152					
广　东	43	241.30	83402	2407026	133011					
广　西	21	78.90	26413	462480	30551					
海　南	2	7.92	2895	72668	4095					
重　庆	3	4.87	1354	19297	1418					
四　川	37	160.65	51869	1008368	62547					
贵　州	13	39.69	13400	260345	16524					
云　南	24	48.68	14434	245499	15252					
西　藏	16	14.76	4052	40030	3830					
陕　西	14	56.64	17452	321216	22303					
甘　肃	20	50.01	16152	234263	12655					
青　海	11	14.69	4286	108279	2815	1	0.39	117	1755	94
宁　夏	5	8.33	2300	39197	2919					
新　疆	36	91.92	26861	369258	24278	1	0.17	17	87	16
兵　团	15	12.38	2046	20382	2313					

各级专业报纸出版数量

	合计 种数（种）	合计 平均期印数（万份）	合计 总印数（万份）	合计 总印张（千印张）	合计 总金额（万元）	中央及省、自治区、直辖市级 种数（种）	中央及省、自治区、直辖市级 平均期印数（万份）	中央及省、自治区、直辖市级 总印数（万份）	中央及省、自治区、直辖市级 总印张（千印张）	中央及省、自治区、直辖市级 总金额（万元）
全国总计	651	8503.54	912289	13671713	1177082	531	8073.58	866385	12978996	1119174
中　央	160	1358.60	324750	6603497	439132	160	1358.60	324750	6603497	439132
地　方	491	7144.94	587539	7068216	737950	371	6714.98	541635	6375499	680041
北　京	13	30.40	3644	78031	5753	13	30.40	3644	78031	5753
天　津	8	18.88	2851	32662	3398	8	18.88	2851	32662	3398
河　北	22	229.87	49572	468318	46212	17	218.10	47078	435756	45188
山　西	26	2670.57	169335	969403	189098	23	2664.86	167711	954677	188264
内蒙古	15	13.55	1240	15343	1189	10	9.15	859	12304	1123
辽　宁	11	183.22	11788	85494	16213	7	174.96	9731	57122	14932
吉　林	17	759.95	40152	493943	75063	12	698.91	37176	476161	70516
黑龙江	18	114.70	8753	108628	17102	10	17.94	2248	22839	2543
上　海	36	99.38	12892	393003	15482	36	99.38	12892	393003	15482
江　苏	21	354.56	41045	417087	50258	13	280.15	35564	322268	43409
浙　江	16	131.43	20764	370701	25154	9	86.11	12052	174098	16117
安　徽	12	27.87	5629	67502	7526	7	21.67	4524	56455	7346
福　建	12	177.01	13038	908166	11953	11	176.51	13013	908039	11928
江　西	5	893.31	41682	214914	46647	4	891.31	41382	213414	46407
山　东	24	98.69	19301	218826	15271	14	71.49	16357	186146	11522
河　南	30	599.59	52538	452375	72807	25	590.54	50632	429344	70212
湖　北	30	46.55	3963	62713	5914	17	29.58	3110	53694	4535
湖　南	8	179.19	17277	380987	29811	8	179.19	17277	380987	29811
广　东	32	78.85	11239	442658	18689	16	53.46	6998	374329	13010
广　西	11	35.20	6516	121126	8598	8	32.89	6227	118035	8509
海　南	8	27.84	5966	85670	8233	7	23.88	5002	66389	6787
重　庆	7	9.74	1276	28898	2572	7	9.74	1276	28898	2572
四　川	23	102.71	19283	303986	26936	19	95.39	17813	267230	24402
贵　州	5	5.11	1021	15420	1198	4	4.19	878	12550	911
云　南	7	16.17	2236	40035	5575	7	16.17	2236	40035	5575
西　藏	5	12.74	1818	9562	2030	5	12.74	1818	9562	2030
陕　西	15	46.60	5942	85795	8567	14	43.55	5796	84331	8450
甘　肃	20	115.36	10739	105405	13659	15	110.49	10155	99563	13451
青　海	6	5.74	662	10391	638	6	5.74	662	10391	638
宁　夏	3	21.20	2456	59977	3733	3	21.20	2456	59977	3733
新　疆	24	38.81	2904	21121	2656	16	26.41	2216	17209	1486
兵　团	1	0.15	15	75	15					

各级专业报纸出版数量（续表）

	地、市级					县　级				
	种数（种）	平均期印数（万份）	总印数（万份）	总印张（千印张）	总金额（万元）	种数（种）	平均期印数（万份）	总印数（万份）	总印张（千印张）	总金额（万元）
全国总计	119	422.81	43387	642381	55392	1	7.15	2517	50336	2517
中　央										
地　方	119	422.81	43387	642381	55392	1	7.15	2517	50336	2517
北　京										
天　津										
河　北	5	11.77	2494	32562	1023					
山　西	3	5.71	1624	14726	833					
内　蒙古	5	4.40	380	3039	66					
辽　宁	4	8.26	2057	28372	1281					
吉　林	5	61.05	2976	17782	4547					
黑龙江	8	96.76	6505	85789	14559					
上　海										
江　苏	8	74.42	5481	94819	6849					
浙　江	6	38.16	6195	146266	6520	1	7.15	2517	50336	2517
安　徽	5	6.20	1105	11047	180					
福　建	1	0.50	26	128	26					
江　西	1	2.00	300	1500	240					
山　东	10	27.20	2944	32680	3749					
河　南	5	9.05	1906	23031	2596					
湖　北	13	16.97	853	9020	1379					
湖　南										
广　东	16	25.39	4241	68330	5679					
广　西	3	2.31	289	3091	89					
海　南	1	3.97	964	19281	1446					
重　庆										
四　川	4	7.32	1470	36756	2533					
贵　州	1	0.92	144	2870	287					
云　南										
西　藏										
陕　西	1	3.05	146	1464	117					
甘　肃	5	4.88	584	5843	208					
青　海										
宁　夏										
新　疆	8	12.40	688	3912	1170					
兵　团	1	0.15	15	75	15					

各级生活服务报纸出版数量

	合计 种数（种）	合计 平均期印数（万份）	合计 总印数（万份）	合计 总印张（千印张）	合计 总金额（万元）	中央及省、自治区、直辖市级 种数（种）	中央及省、自治区、直辖市级 平均期印数（万份）	中央及省、自治区、直辖市级 总印数（万份）	中央及省、自治区、直辖市级 总印张（千印张）	中央及省、自治区、直辖市级 总金额（万元）
全国总计	194	505.21	40740	1111256	73053	103	265.04	24812	705173	50411
中　央	14	110.09	8477	247791	21091	14	110.09	8477	247791	21091
地　方	180	395.12	32263	863465	51961	89	154.94	16335	457382	29320
北　京	3	4.15	194	4505	243	3	4.15	194	4505	243
天　津										
河　北	11	15.12	736	20960	1337	2	6.53	431	10046	810
山　西	8	18.44	2273	41124	3402	6	13.84	2034	34676	3163
内蒙古	3	2.08	91	911	233	2	1.33	52	521	155
辽　宁	13	20.40	1103	19996	519	2				
吉　林	7	5.05	251	7399	287	5	3.72	181	6707	218
黑龙江	8	5.26	312	7939	330	3	2.72	118	2969	179
上　海	10	17.70	3498	139195	5711	10	17.70	3498	139195	5711
江　苏	8	65.94	3773	98023	5313	2	4.10	266	3808	517
浙　江	5	38.82	2432	68877	5151	3	10.58	956	22888	1913
安　徽	4	24.28	2990	65929	2947	2	6.90	1870	37398	1870
福　建	6	8.52	418	12950	1093	2	4.36	220	6498	508
江　西	3	18.12	1126	26310	2836	3	18.12	1126	26310	2836
山　东	15	33.37	3677	98546	5135	2	3.69	184	9643	453
河　南	10	22.76	1493	28887	2405	1	5.00	475	7150	950
湖　北	4	10.83	454	15523	1352	2	0.40	10	169	46
湖　南	4	22.01	1721	25566	2682	3	11.81	1036	13050	1701
广　东	11	13.04	709	78748	4251	9	12.58	687	78359	4170
广　西	6	2.05	84	1997	132	2	0.85	40	819	78
海　南	1					1				
重　庆	6	5.87	685	8133	932	6	5.87	685	8133	932
四　川	11	21.12	2426	51058	3698	5	10.49	1303	26180	2019
贵　州	3	2.22	115	2194	173	1				
云　南	3	2.87	321	6394	348	3	2.87	321	6394	348
西　藏										
陕　西	6	11.30	803	14268	809	5	7.30	646	11918	496
甘　肃	1	0.50	19	475	19					
青　海	2	1.24	65	1954	105	1	0.04	2	46	4
宁　夏	2	1.58	468	14044	468	1				
新　疆	6	0.50	26	1560	52	2				
兵　团										

各级生活服务报纸出版数量（续表）

	地、市级					县 级				
	种数（种）	平均期印数（万份）	总印数（万份）	总印张（千印张）	总金额（万元）	种数（种）	平均期印数（万份）	总印数（万份）	总印张（千印张）	总金额（万元）
全国总计	90	238.97	15864	404175	22540	1	1.20	64	1908	102
中　央										
地　方	90	238.97	15864	404175	22540	1	1.20	64	1908	102
北　京										
天　津										
河　北	9	8.59	305	10914	528					
山　西	2	4.60	239	6448	239					
内 蒙 古	1	0.75	39	390	78					
辽　宁	11	20.40	1103	19996	519					
吉　林	2	1.33	69	692	69					
黑 龙 江	5	2.54	194	4969	150					
上　海										
江　苏	6	61.84	3507	94215	4796					
浙　江	2	28.24	1476	45990	3238					
安　徽	2	17.38	1120	28531	1077					
福　建	4	4.15	197	6452	585					
江　西										
山　东	13	29.68	3493	88904	4682					
河　南	9	17.76	1018	21737	1455					
湖　北	2	10.43	445	15354	1306					
湖　南	1	10.20	685	12516	980					
广　东	2	0.46	22	389	81					
广　西	4	1.20	43	1178	54					
海　南										
重　庆										
四　川	6	10.63	1123	24878	1679					
贵　州	2	2.22	115	2194	173					
云　南										
西　藏										
陕　西	1	4.00	157	2350	313					
甘　肃	1	0.50	19	475	19					
青　海						1	1.20	64	1908	102
宁　夏	1	1.58	468	14044	468					
新　疆	4	0.50	26	1560	52					
兵　团										

各级读者对象报纸出版数量

	合计 种数（种）	合计 平均期印数（万份）	合计 总印数（万份）	合计 总印张（千印张）	合计 总金额（万元）	中央及省、自治区、直辖市级 种数（种）	中央及省、自治区、直辖市级 平均期印数（万份）	中央及省、自治区、直辖市级 总印数（万份）	中央及省、自治区、直辖市级 总印张（千印张）	中央及省、自治区、直辖市级 总金额（万元）
全国总计	99	1066.16	138805	1856645	167051	85	996.26	132626	1766809	157413
中　　央	12	216.05	50573	889916	75040	12	216.05	50573	889916	75040
地　　方	87	850.11	88232	966728	92011	73	780.21	82053	876892	82373
北　京	4	12.20	704	9570	1113	4	12.20	704	9570	1113
天　津	3	10.24	3281	43869	2993	3	10.24	3281	43869	2993
河　北	3	15.22	3911	49335	3563	3	15.22	3911	49335	3563
山　西	3	12.96	3574	44677	2917	3	12.96	3574	44677	2917
内蒙古	1	12.00	1224	24480	1469	1	12.00	1224	24480	1469
辽　宁	4	21.76	2069	21320	1629	2	8.26	735	7980	464
吉　林	4	4.24	785	6752	705	2	3.89	774	6528	677
黑龙江	3	14.86	4201	42012	3290	2	13.76	4091	40912	3026
上　海	9	42.47	6118	63935	6617	9	42.47	6118	63935	6617
江　苏	3	288.75	18669	127692	7942	3	288.75	18669	127692	7942
浙　江	3	34.14	5332	62834	5356	3	34.14	5332	62834	5356
安　徽	4	28.23	3078	37046	3256	3	17.73	2532	34316	2710
福　建	1	7.14	1042	20837	1563	1	7.14	1042	20837	1563
江　西	3	11.46	1281	15243	2029	3	11.46	1281	15243	2029
山　东	4	25.99	4570	46225	3954	2	14.89	3017	30169	2799
河　南	2	95.19	5514	33592	7368	2	95.19	5514	33592	7368
湖　北	2	7.05	497	7058	1318	1	4.00	344	1720	860
湖　南	3	31.72	1514	28611	4641	3	31.72	1514	28611	4641
广　东	5	38.18	4439	88394	7793	1	8.00	1968	37360	1771
广　西	2	4.91	1033	10259	1087	2	4.91	1033	10259	1087
海　南										
重　庆	2	20.56	256	5366	2962	2	20.56	256	5366	2962
四　川	3	62.16	8054	80540	11708	3	62.16	8054	80540	11708
贵　州	3	6.45	998	11297	1041	3	6.45	998	11297	1041
云　南	1	5.30	779	7791	390	1	5.30	779	7791	390
西　藏	2	2.60	130	1850	60	2	2.60	130	1850	60
陕　西	4	16.91	2809	28140	2865	4	16.91	2809	28140	2865
甘　肃	1	1.70	442	4420	327	1	1.70	442	4420	327
青　海										
宁　夏										
新　疆	5	15.72	1929	43584	2057	4	15.60	1927	43569	2056
兵　团										

各级读者对象报纸出版数量（续表）

	地、市级					县　级				
	种数（种）	平均期印数（万份）	总印数（万份）	总印张（千印张）	总金额（万元）	种数（种）	平均期印数（万份）	总印数（万份）	总印张（千印张）	总金额（万元）
全国总计	14	69.90	6179	89836	9638					
中　　央										
地　　方	14	69.90	6179	89836	9638					
北　　京										
天　　津										
河　　北										
山　　西										
内　蒙　古										
辽　　宁	2	13.50	1334	13340	1164					
吉　　林	2	0.35	11	224	28					
黑　龙　江	1	1.10	110	1100	264					
上　　海										
江　　苏										
浙　　江										
安　　徽	1	10.50	546	2730	546					
福　　建										
江　　西										
山　　东	2	11.10	1553	16056	1156					
河　　南										
湖　　北	1	3.05	153	5338	458					
湖　　南										
广　　东	4	30.18	2471	51034	6021					
广　　西										
海　　南										
重　　庆										
四　　川										
贵　　州										
云　　南										
西　　藏										
陕　　西										
甘　　肃										
青　　海										
宁　　夏										
新　　疆	1	0.12	1	14	1					
兵　　团										

各级文摘报纸出版数量

	合 计 种数（种）	合 计 平均期印数（万份）	合 计 总印数（万份）	合 计 总印张（千印张）	合 计 总金额（万元）	中央及省、自治区、直辖市级 种数（种）	中央及省、自治区、直辖市级 平均期印数（万份）	中央及省、自治区、直辖市级 总印数（万份）	中央及省、自治区、直辖市级 总印张（千印张）	中央及省、自治区、直辖市级 总金额（万元）
全国总计	22	173.64	23271	283759	26640	18	164.67	22525	268838	24573
中 央	4	40.59	5794	63597	4931	4	40.59	5794	63597	4931
地 方	18	133.05	17477	220162	21708	14	124.08	16731	205241	19642
北 京										
天 津	1	8.33	1249	24980	2498	1	8.33	1249	24980	2498
河 北										
山 西										
内 蒙 古										
辽 宁										
吉 林	1	1.31	131	1310	131	1	1.31	131	1310	131
黑 龙 江	1	0.95	48	950	86					
上 海	1	28.45	4267	21336	2134	1	28.45	4267	21336	2134
江 苏	1	0.56	48	1452	121	1	0.56	48	1452	121
浙 江										
安 徽	2	39.89	5983	36433	5462	2	39.89	5983	36433	5462
福 建	1	8.15	1157	23136	1157	1	8.15	1157	23136	1157
江 西										
山 东										
河 南	1	2.64	119	3565	356	1	2.64	119	3565	356
湖 北	2	1.30	31	897	312	1	1.30	31	897	312
湖 南	2	20.86	2568	45758	5137	2	20.86	2568	45758	5137
广 东	1	5.72	584	11671	1751					
广 西										
海 南	1	2.30	115	2300	230					
重 庆										
四 川	1	11.56	1144	45763	2288	1	11.56	1144	45763	2288
贵 州										
云 南	1	1.00	30	600	45	1	1.00	30	600	45
西 藏										
陕 西										
甘 肃										
青 海	1	0.05	2	12	1	1	0.05	2	12	1
宁 夏										
新 疆										
兵 团										

各级文摘报纸出版数量（续表）

	地、市级					县　级				
	种数（种）	平均期印数（万份）	总印数（万份）	总印张（千印张）	总金额（万元）	种数（种）	平均期印数（万份）	总印数（万份）	总印张（千印张）	总金额（万元）
全国总计	4	8.97	746	14921	2066					
中　　央										
地　　方	4	8.97	746	14921	2066					
北　　京										
天　　津										
河　　北										
山　　西										
内　蒙　古										
辽　　宁										
吉　　林										
黑　龙　江	1	0.95	48	950	86					
上　　海										
江　　苏										
浙　　江										
安　　徽										
福　　建										
江　　西										
山　　东										
河　　南										
湖　　北	1									
湖　　南										
广　　东	1	5.72	584	11671	1751					
广　　西										
海　　南	1	2.30	115	2300	230					
重　　庆										
四　　川										
贵　　州										
云　　南										
西　　藏										
陕　　西										
甘　　肃										
青　　海										
宁　　夏										
新　　疆										
兵　　团										

主要刊期的报纸出版数量

	周七刊				周六刊				周五刊				周四刊			
	种数（种）	总印数（万份）	总印张（千印张）	总金额（万元）	种数（种）	总印数（万份）	总印张（千印张）	总金额（万元）	种数（种）	总印数（万份）	总印张（千印张）	总金额（万元）	种数（种）	总印数（万份）	总印张（千印张）	总金额（万元）
全国总计	**374**	**1644830**	**44197550**	**2007951**	**230**	**399455**	**8814438**	**505294**	**323**	**285540**	**4897329**	**359557**	**61**	**52616**	**864134**	**74635**
中　　央	**16**	**494653**	**12946259**	**533152**	**12**	**89045**	**2515380**	**142206**	**45**	**93307**	**1839138**	**132194**	**13**	**22694**	**445653**	**39034**
地　　方	**358**	**1150177**	**31251292**	**1474799**	**218**	**310409**	**6299058**	**363088**	**278**	**192234**	**3058191**	**227363**	**48**	**29922**	**418481**	**35601**
北　　京	8	24876	827160	33280	1	527	5268	1054	3	1058	35991	1926				
天　　津	5	13713	406811	16665					2	3732	87322	3486	1	196	1962	589
河　　北	7	58102	994210	54387	19	28386	509814	38607	10	6131	117772	8320	2	1102	11020	291
山　　西	14	38349	849248	61400	11	29042	240978	31811	6	8048	86942	11137	2	821	16416	2522
内 蒙 古	5	10577	207939	10935	11	5848	109336	6550	12	5156	95404	6289	4	393	5848	490
辽　　宁	10	33707	1186651	40071	8	3669	61353	4400	21	7272	132056	10049	2	611	5047	382
吉　　林	5	9251	240686	9111	6	3294	50389	4169	9	4406	82654	6075	1	254	5084	508
黑 龙 江	12	18378	259647	22815	7	8387	100708	7235	10	3046	36357	3445	4	723	5135	892
上　　海	12	48472	1756429	63336	2	266	5320	532	4	3869	91780	5235	2	1336	10726	2935
江　　苏	30	113952	2956070	152082	16	29748	401293	35655	9	17765	166044	21916	4	4313	72159	1424
浙　　江	32	142743	4551018	160933	7	9103	139856	7904	9	15192	270901	14772	2	3832	56729	4828
安　　徽	8	22280	548738	22058	15	17118	327199	20068	9	6056	99453	5120	2	522	7936	423
福　　建	19	53001	1493011	70202	2	1167	37982	1184	5	3851	84249	3936				
江　　西	8	22822	522406	27840	6	5104	59557	6836	8	3560	41561	5230	2	1357	13574	910
山　　东	17	76606	2353449	87852	15	54599	1868911	57764	15	14404	208036	13105	1	2778	27782	2500
河　　南	3	28909	746553	55657	20	33481	905203	52669	18	21865	406973	30874	1	225	4495	180
湖　　北	6	31409	1076044	44128	15	15380	279377	16997	17	5396	97474	5901	1	786	15725	786
湖　　南	19	43132	1048936	50296	1	1333	26660	1333	6	4698	76650	4905				
广　　东	35	128835	4239669	208139	4	3744	254826	4709	11	7074	134828	11464	2	1282	13761	2252
广　　西	17	35985	738753	41404	5	5280	95878	6080	3	2162	32583	2254	3	1377	22705	2229
海　　南	5	12910	338070	17552	1	844	13398	844	2	2087	41741	3692				
重　　庆	3	10814	256616	13494	4	2681	32571	2970	5	2332	23319	1583	1	970	19404	1407
四　　川	17	54151	1355691	69976	11	23671	299575	22458	20	9916	161739	13214	3	3341	49024	4875
贵　　州	10	17411	400169	23343	3	3172	63444	3607	6	1813	22980	1658	2	532	19410	991
云　　南	10	19966	370444	28170	6	5423	84520	6623	7	3776	77563	5179				
西　　藏	8	6883	101292	5084	1	255	15296	255								
陕　　西	7	23654	497035	28411	6	8922	154648	11712	7	5371	75979	5684	3	1834	17321	2696
甘　　肃	13	21118	349592	23742	2	1623	27227	1623	10	4089	44263	2833				
青　　海	4	6399	176336	6018	2	418	4765	365					1	387	7748	542
宁　　夏	1	2762	58605	5524	3	1719	35656	1855	7	3722	71031	5638				
新　　疆	7	15952	282813	17221	8	6207	88049	5222	24	13558	146279	11421	2	947	9471	947
兵　　团	1	3060	61200	3672					3	827	8269	1024				

全国少数民族文字报纸出版数量

	种数 (种)	平均期印数 (万份)	总印数 (万份)	总印张 (千印张)	总金额 (万元)
全国总计	100	102.81	24178	268197	18594
中　央	1	5.70	2001	20007	800
地　方	99	97.11	22178	248190	17794
内蒙古	13	10.08	2165	29648	2286
辽　宁	3	0.91	111	777	127
吉　林	8	4.87	736	11125	673
黑龙江	1	0.60	96	1920	108
广　西	1	0.50	25	245	25
四　川	3	1.89	266	2659	186
云　南	8	3.89	212	1730	5
西　藏	12	19.15	5445	71356	4078
青　海	7	4.74	199	1614	234
新　疆	40	49.13	12800	126138	9944
兵　团	3	1.34	124	980	129

全国少数民族文字报纸出版数量与上年相比增减百分比

	种数	平均期印数	总印数	总印张	总金额
全　国	-2.91	-9.78	-7.95	-20.54	-5.29
中　央	-75.00	0.00	0.00	0.00	0.00
地　方	0.00	-10.30	-8.60	-21.84	-5.51

四、音像、电子出版物出版

按载体形式分类全国各地区录音制品出版品种、数量及发行数量

单位：种、万盒（张）

	录音制品 合计 种数	录音制品 合计 数量	其中：新版 种数	其中：新版 数量	发行数量	录音带（AT）合计 种数	录音带（AT）合计 数量	其中：新版 种数	其中：新版 数量
全国总计	5312	12194.67	2257	1816.50	12046.51	702	2629.55	137	285.30
中 央	2059	9512.73	669	1023.66	9343.01	367	2360.95	54	252.64
地 方	3253	2681.94	1588	792.84	2703.50	335	268.59	83	32.66
北 京	175	97.00	171	94.65	96.61	1	0.05	1	0.05
天 津	16	2.83	8	0.40	2.83	4	0.73		
河 北	45	271.88	8	198.54	270.86	27	4.08		
山 西	56	79.45	56	79.45	79.45				
内 蒙 古	17	3.55	17	3.55	3.55				
辽 宁	158	130.48	57	7.50	129.42				
吉 林	86	122.35	12	1.20	118.92	37	67.62		
黑 龙 江									
上 海	932	650.12	181	118.51	682.86	92	63.48	30	23.46
江 苏	135	120.91	67	10.31	120.81	42	62.55	28	6.00
浙 江	63	102.22	32	6.29	102.22	17	3.36		
安 徽	24	2.98	24	2.98	2.97				
福 建	15	1.95	5	0.61	2.46	4	0.24		
江 西	132	201.45	28	4.25	201.45	21	35.26	15	2.25
山 东	128	26.17	89	6.42	25.11	14	2.21	8	0.80
河 南	7	0.43	7	0.43	0.41				
湖 北	33	6.91	29	6.11	6.96				
湖 南	238	230.13	165	132.58	230.13	8	1.30		
广 东	709	505.09	495	71.22	501.27	62	27.37	1	0.10
广 西	131	58.32	42	15.44	58.20				
海 南	18	1.08	18	1.08	1.08				
重 庆	18	4.52			4.57	4	0.24		
四 川	10	3.31	10	3.31	3.35				
贵 州									
云 南	53	4.72	44	4.21	4.30	2	0.10		
西 藏	2	0.80	2	0.80	0.80				
陕 西	32	18.76	11	4.56	18.36				
甘 肃	2	0.20	2	0.20	0.20				
青 海									
宁 夏	4	0.07	4	0.07	0.07				
新 疆	14	34.25	4	18.16	34.28				
兵 团									

-133-

按载体形式分类全国各地区录音制品出版品种、数量及发行数量（续表）

单位：种、万盒（张）

	激光唱盘（CD）合计 种数	激光唱盘（CD）合计 数量	其中：新版 种数	其中：新版 数量	高密度激光唱盘（DVD-A）合计 种数	高密度激光唱盘（DVD-A）合计 数量	其中：新版 种数	其中：新版 数量	其他载体 合计 种数	其他载体 合计 数量	其中：新版 种数	其中：新版 数量
全国总计	4020	9440.57	1655	1460.48	90	41.37	71	20.08	500	83.18	394	50.64
中　央	1528	7124.08	488	753.66	15	0.26	15	0.26	149	27.43	112	17.10
地　方	2492	2316.49	1167	706.83	75	41.11	56	19.82	351	55.75	282	33.54
北　京	129	85.47	125	83.12					45	11.48	45	11.48
天　津	11	2.05	7	0.35					1	0.05	1	0.05
河　北	18	267.80	8	198.54								
山　西	56	79.45	56	79.45								
内蒙古	12	3.05	12	3.05					5	0.50	5	0.50
辽　宁	128	119.78	42	4.70	5	2.30	5	2.30	25	8.40	10	0.50
吉　林	49	54.73	12	1.20								
黑龙江												
上　海	769	562.05	123	92.11	20	21.14	3	0.45	51	3.46	25	2.49
江　苏	69	55.91	15	1.86	19	1.95	19	1.95	5	0.50	5	0.50
浙　江	30	96.46	16	3.89	15	1.40	15	1.40	1	1.00	1	1.00
安　徽	13	1.93	13	1.93					11	1.05	11	1.05
福　建	11	1.71	5	0.61								
江　西	111	166.19	13	2.00								
山　东	85	22.94	52	4.59	1	0.01	1	0.01	28	1.02	28	1.02
河　南	7	0.43	7	0.43								
湖　北	32	6.51	29	6.11	1	0.40						
湖　南	218	218.41	154	122.67	7	9.51	7	9.51	5	0.91	4	0.41
广　东	479	450.58	353	56.82					168	27.13	141	14.29
广　西	130	58.27	41	15.39					1	0.05	1	0.05
海　南	18	1.08	18	1.08								
重　庆	14	4.28										
四　川	6	3.13	6	3.13					4	0.18	4	0.18
贵　州												
云　南	48	4.26	41	3.85	2	0.35	2	0.35	1	0.01	1	0.01
西　藏	2	0.80	2	0.80								
陕　西	27	14.71	7	0.71	5	4.05	4	3.85				
甘　肃	2	0.20	2	0.20								
青　海												
宁　夏	4	0.07	4	0.07								
新　疆	14	34.25	4	18.16								
兵　团												

按内容分类全国录音制品出版品种、数量

单位：种、万盒（张）

	录音制品 合计 种数	录音制品 合计 数量	录音制品 其中：新版 种数	录音制品 其中：新版 数量	录音带（AT） 合计 种数	录音带（AT） 合计 数量	录音带（AT） 其中：新版 种数	录音带（AT） 其中：新版 数量
全国合计	5312	12194.67	2257	1816.50	702	2629.55	137	285.30
其中：少儿出版	119	108.23	76	11.37				
教育	2648	11419.56	637	1489.38	670	2609.06	108	264.82
语言	383	255.34	42	17.52	7	10.16	4	10.16
文学艺术	2121	403.51	1463	286.49	12	2.91	12	2.91
科技	1	0.05	1	0.05				
经济	8	0.10	8	0.10				
体育	1	0.03	1	0.03				
军事								
文学	97	95.62	66	12.60	2	0.60	2	0.60
综合	1	0.20	1	0.20				
其他	52	20.26	38	10.14	11	6.81	11	6.81

续表1

	激光唱盘（CD） 合计 种数	激光唱盘（CD） 合计 数量	激光唱盘（CD） 其中：新版 种数	激光唱盘（CD） 其中：新版 数量	高密度激光唱盘（DVD-A） 合计 种数	高密度激光唱盘（DVD-A） 合计 数量	高密度激光唱盘（DVD-A） 其中：新版 种数	高密度激光唱盘（DVD-A） 其中：新版 数量	其他载体 合计 种数	其他载体 合计 数量	其他载体 其中：新版 种数	其他载体 其中：新版 数量
全国合计	4020	9440.57	1655	1460.48	90	41.37	71	20.08	500	83.18	394	50.64
其中：少儿出版	89	107.21	46	10.35	6	0.60	6	0.60	24	0.42	24	0.42
教育	1909	8769.31	469	1198.19	37	17.96	36	17.56	32	23.24	24	8.81
语言	328	212.65	21	3.95	14	20.66	1	0.30	34	11.87	16	3.11
文学艺术	1683	353.46	1109	246.12	10	0.91	6	0.59	416	46.23	336	36.87
科技	1	0.05	1	0.05								
经济					8	0.10	8	0.10				
体育					1	0.03	1	0.03				
军事												
文学	65	93.22	34	10.20	15	1.50	15	1.50	15	0.29	15	0.29
综合	1	0.20	1	0.20								
其他	33	11.69	20	1.77	5	0.21	4	0.01	3	1.55	3	1.55

按内容分类全国各地区录音制品出版品种、数量（AT）

单位：种、万盒（张）

	AT合计 种数	AT合计 出版数量	教育 种数	教育 出版数量	语言 种数	语言 出版数量	文化艺术 种数	文化艺术 出版数量	科技 种数	科技 出版数量
全国总计	702	2629.55	670	2609.06	7	10.16	12	2.91		
中　　央	367	2360.95	362	2360.82	2	0.001	3	0.13		
地　　方	335	268.59	308	248.24	5	10.16	9	2.78		
北　　京	1	0.05					1	0.05		
天　　津	4	0.73	4	0.73						
河　　北	27	4.08	27	4.08						
山　　西										
内 蒙 古										
辽　　宁										
吉　　林	37	67.62	37	67.62						
黑 龙 江										
上　　海	92	63.48	67	43.28	5	10.16	7	2.63		
江　　苏	42	62.55	42	62.55						
浙　　江	17	3.36	17	3.36						
安　　徽										
福　　建	4	0.24	4	0.24						
江　　西	21	35.26	21	35.26						
山　　东	14	2.21	14	2.21						
河　　南										
湖　　北										
湖　　南	8	1.30	8	1.30						
广　　东	62	27.37	61	27.27			1	0.10		
广　　西										
海　　南										
重　　庆	4	0.24	4	0.24						
四　　川										
贵　　州										
云　　南	2	0.10	2	0.10						
西　　藏										
陕　　西										
甘　　肃										
青　　海										
宁　　夏										
新　　疆										
兵　　团										

按内容分类全国各地区录音制品出版品种、数量（续表）（AT）

单位：种、万盒（张）

	经济		体育		军事		文学		综合		其他	
	种数	出版数量	种数	出版数量	种数	出版数量	种数	出版数量	种数	出版数量	种数	出版数量
全国总计							2	0.60			11	6.81
中　央												
地　方							2	0.60			11	6.81
北　京												
天　津												
河　北												
山　西												
内 蒙 古												
辽　宁												
吉　林												
黑 龙 江												
上　海							2	0.60			11	6.81
江　苏												
浙　江												
安　徽												
福　建												
江　西												
山　东												
河　南												
湖　北												
湖　南												
广　东												
广　西												
海　南												
重　庆												
四　川												
贵　州												
云　南												
西　藏												
陕　西												
甘　肃												
青　海												
宁　夏												
新　疆												
兵　团												

按内容分类全国各地区录音制品出版品种、数量（CD）

单位：种、万盒（张）

	CD合计 种数	CD合计 出版数量	教育 种数	教育 出版数量	语言 种数	语言 出版数量	文化艺术 种数	文化艺术 出版数量	科技 种数	科技 出版数量
全国总计	4020	9440.57	1909	8769.31	328	212.65	1683	353.46	1	0.05
中央	1528	7124.08	894	6910.24	214	116.50	411	95.40		
地方	2492	2316.49	1015	1859.07	114	96.14	1272	258.06	1	0.05
北京	129	85.47	1	0.50			128	84.97		
天津	11	2.05	4	1.70			7	0.35		
河北	18	267.80	18	267.80						
山西	56	79.45	39	76.50			17	2.95		
内蒙古	12	3.05					11	3.00	1	0.05
辽宁	128	119.78	92	115.62	5	2.56	31	1.60		
吉林	49	54.73	37	51.25	5	2.73	6	0.55		
黑龙江										
上海	769	562.05	170	407.28	88	66.70	501	79.69		
江苏	69	55.91	54	54.05			15	1.86		
浙江	30	96.46	16	93.37			14	3.09		
安徽	13	1.93	10	0.50			3	1.43		
福建	11	1.71	6	1.10			5	0.61		
江西	111	166.19	79	78.18	1	5.00	1	0.05		
山东	85	22.94	37	18.39			48	4.55		
河南	7	0.43					4	0.37		
湖北	32	6.51	21	5.75	1	0.15	10	0.61		
湖南	218	218.41	161	199.28			28	10.43		
广东	479	450.58	91	401.41	10	0.50	377	48.62		
广西	130	58.27	128	43.17	1	15.00	1	0.10		
海南	18	1.08	14	0.83			4	0.25		
重庆	14	4.28					14	4.28		
四川	6	3.13					6	3.13		
贵州										
云南	48	4.26	7	0.41			27	2.45		
西藏	2	0.80					2	0.80		
陕西	27	14.71	20	10.56	3	3.50	4	0.65		
甘肃	2	0.20					2	0.20		
青海										
宁夏	4	0.07	4	0.07						
新疆	14	34.25	6	31.36			6	1.48		
兵团										

按内容分类全国各地区录音制品出版品种、数量（续表）
（CD）

单位：种、万盒（张）

	经济		体育		军事		文学		综合		其他	
	种数	出版数量	种数	出版数量	种数	出版数量	种数	出版数量	种数	出版数量	种数	出版数量
全国总计							65	93.22	1	0.20	33	11.69
中　　央							5	1.50			4	0.44
地　　方							60	91.72	1	0.20	29	11.25
北　　京												
天　　津												
河　　北												
山　　西												
内　蒙　古												
辽　　宁												
吉　　林							1	0.20				
黑　龙　江												
上　　海											10	8.38
江　　苏												
浙　　江												
安　　徽												
福　　建												
江　　西							30	82.96				
山　　东												
河　　南											3	0.06
湖　　北												
湖　　南							29	8.70				
广　　东							1	0.06				
广　　西												
海　　南												
重　　庆												
四　　川												
贵　　州												
云　　南											14	1.40
西　　藏												
陕　　西												
甘　　肃												
青　　海												
宁　　夏												
新　　疆											2	1.41
兵　　团												

按内容分类全国各地区录音制品出版品种、数量
（DVD－A）

单位：种、万盒（张）

	DVD－A合计		教育		语言		文化艺术		科技	
	种数	数量	种数	数量	种数	数量	种数	数量	种数	数量
全国总计	90	41.37	37	17.96	14	20.66	10	0.91		
中　　央	15	0.26					3	0.16		
地　　方	75	41.11	37	17.96	14	20.66	7	0.76		
北　　京										
天　　津										
河　　北										
山　　西										
内　蒙　古										
辽　　宁	5	2.30	4	2.00	1	0.30				
吉　　林										
黑　龙　江										
上　　海	20	21.14			13	20.36	6	0.75		
江　　苏	19	1.95	18	1.80						
浙　　江	15	1.40	1	0.05						
安　　徽										
福　　建										
江　　西										
山　　东	1	0.01					1	0.01		
河　　南										
湖　　北	1	0.40	1	0.40						
湖　　南	7	9.51	7	9.51						
广　　东										
广　　西										
海　　南										
重　　庆										
四　　川										
贵　　州										
云　　南	2	0.35	2	0.35						
西　　藏										
陕　　西	5	4.05	4	3.85						
甘　　肃										
青　　海										
宁　　夏										
新　　疆										
兵　　团										

按内容分类全国各地区录音制品出版品种、数量（续表）
（DVD－A）

单位：种、万盒（张）

	经济		体育		军事		文学		综合		其他	
	种数	数量	种数	数量	种数	数量	种数	数量	种数	数量	种数	数量
全国总计	8	0.10	1	0.03			15	1.50			5	0.21
中　央	8	0.10									4	0.01
地　方			1	0.03			15	1.50			1	0.20
北　京												
天　津												
河　北												
山　西												
内　蒙　古												
辽　宁												
吉　林												
黑　龙　江												
上　海			1	0.03								
江　苏							1	0.15				
浙　江							14	1.35				
安　徽												
福　建												
江　西												
山　东												
河　南												
湖　北												
湖　南												
广　东												
广　西												
海　南												
重　庆												
四　川												
贵　州												
云　南												
西　藏												
陕　西												1	0.20
甘　肃												
青　海												
宁　夏												
新　疆												
兵　团												

按内容分类全国各地区录音制品出版品种、数量
（其他）

单位：种、万盒（张）

	其他载体合计 种数	其他载体合计 数量	教育 种数	教育 数量	语言 种数	语言 数量	文化艺术 种数	文化艺术 数量	科技 种数	科技 数量
全国总计	500	83.18	32	23.24	34	11.87	416	46.23		
中　　央	149	27.43	13	5.63	10	3.77	124	16.54		
地　　方	351	55.75	19	17.61	24	8.10	292	29.69		
北　　京	45	11.48					45	11.48		
天　　津	1	0.05					1	0.05		
河　　北										
山　　西										
内 蒙 古	5	0.50					5	0.50		
辽　　宁	25	8.40	1	0.30	24	8.10				
吉　　林										
黑 龙 江										
上　　海	51	3.46					51	3.46		
江　　苏	5	0.50					5	0.50		
浙　　江	1	1					1	1		
安　　徽	11	1.05	10	1						
福　　建										
江　　西										
山　　东	28	1.02					14	0.78		
河　　南										
湖　　北										
湖　　南	5	0.91	4	0.41			1	0.50		
广　　东	168	27.13	4	15.90			164	11.23		
广　　西	1	0.05								
海　　南										
重　　庆										
四　　川	4	0.18					4	0.18		
贵　　州										
云　　南	1	0.01					1	0.01		
西　　藏										
陕　　西										
甘　　肃										
青　　海										
宁　　夏										
新　　疆										
兵　　团										

按内容分类全国各地区录音制品出版品种、数量（续表）
（其他）

单位：种、万盒（张）

	经济		体育		军事		文学		综合		其他	
	种数	数量	种数	数量	种数	数量	种数	数量	种数	数量	种数	数量
全国总计							15	0.29			3	1.55
中　　央											2	1.50
地　　方							15	0.29			1	0.05
北　　京												
天　　津												
河　　北												
山　　西												
内　蒙　古												
辽　　宁												
吉　　林												
黑　龙　江												
上　　海												
江　　苏												
浙　　江												
安　　徽							1	0.05				
福　　建												
江　　西												
山　　东							14	0.24				
河　　南												
湖　　北												
湖　　南												
广　　东												
广　　西												1	0.05
海　　南												
重　　庆												
四　　川												
贵　　州												
云　　南												
西　　藏												
陕　　西												
甘　　肃												
青　　海												
宁　　夏												
新　　疆												
兵　　团												

按载体形式分类全国各地区录像制品出版品种、数量及发行数量

单位：种、万盒（张）

	录像制品					录像带（VT）			
	合计		其中：新版		发行数量	合计		其中：新版	
	种数	数量	种数	数量		种数	数量	种数	数量
全国总计	**3299**	**5320.34**	**2259**	**1481.18**	**5145.37**				
中　　央	**1452**	**2930.94**	**831**	**372.12**	**2767.02**				
地　　方	**1847**	**2389.39**	**1428**	**1109.07**	**2378.34**				
北　　京	47	5.86	46	5.76	5.75				
天　　津	1	0.05	1	0.05	0.05				
河　　北	5	0.79	1	0.02	0.79				
山　　西	30	5.90	30	5.90	5.85				
内 蒙 古	10	2.93	10	2.93	2.93				
辽　　宁	35	5.79	34	5.59	5.20				
吉　　林	170	11.11	165	9.31	8.69				
黑 龙 江	3	0.08	3	0.08	0.08				
上　　海	263	1138.72	123	675.73	1138.89				
江　　苏	47	3.31	43	2.61	3.19				
浙　　江	47	141.48	43	136.67	141.48				
安　　徽	22	1.24	22	1.24	1.07				
福　　建	29	12.55	28	12.52	12.12				
江　　西	173	514.94	24	59.48	514.94				
山　　东	50	11.41	35	6.44	11.70				
河　　南	39	6.75	39	6.75	6.73				
湖　　北	24	6.54	23	6.39	6.44				
湖　　南	111	103.66	70	52.75	102.14				
广　　东	310	67.59	299	50.40	63.51				
广　　西	23	3.92	23	3.92	2.82				
海　　南	2	0.05	2	0.05	0.05				
重　　庆	23	12.85	12	3.30	12.79				
四　　川	64	3.02	64	3.02	3.72				
贵　　州	2	0.12	2	0.12	0.12				
云　　南	133	9.87	133	9.87	9.70				
西　　藏	16	13.11	16	13.11	12.91				
陕　　西	26	6.06	23	5.36	6.01				
甘　　肃	15	1.45	15	1.45	1.45				
青　　海	10	1.10	10	1.10	1.10				
宁　　夏	1	0.20			0.20				
新　　疆	116	296.98	89	27.18	295.96				
兵　　团									

按载体形式分类全国各地区录像制品出版品种、数量及发行数量（续表）

单位：种、万盒（张）

	数码激光视盘（VCD）合计 种数	数量	其中：新版 种数	数量	高密度激光唱盘（DVD-V）合计 种数	数量	其中：新版 种数	数量	其他载体 合计 种数	数量	其中：新版 种数	数量
全国总计	242	670.75	28	80.31	2679	4623.87	1878	1377.71	378	25.71	353	23.16
中 央	88	270.79	8	22.90	1216	2646.99	699	338.20	148	13.17	124	11.02
地 方	154	399.97	20	57.42	1463	1976.88	1179	1039.51	230	12.55	229	12.15
北 京					47	5.86	46	5.76				
天 津					1	0.05	1	0.05				
河 北					5	0.79	1	0.02				
山 西					30	5.90	30	5.90				
内 蒙 古					10	2.93	10	2.93				
辽 宁					35	5.79	34	5.59				
吉 林					170	11.11	165	9.31				
黑 龙 江	1	0.03	1	0.03					2	0.05	2	0.05
上 海	23	16.16	1	0.06	232	1122.03	114	675.14	8	0.53	8	0.53
江 苏					46	2.91	43	2.61	1	0.40		
浙 江	1	0.05	1	0.05	46	141.43	42	136.62				
安 徽					19	1.17	19	1.17	3	0.08	3	0.08
福 建					28	11.55	27	11.52	1	1.00	1	1.00
江 西	115	374.22	17	57.28	58	140.72	7	2.20				
山 东					46	11.28	31	6.31	4	0.13	4	0.13
河 南					16	6.06	16	6.06	23	0.69	23	0.69
湖 北					21	6.24	20	6.09	3	0.30	3	0.30
湖 南	6	1.20			102	102.25	67	52.54	3	0.21	3	0.21
广 东	2	0.91			286	63.99	277	47.71	22	2.69	22	2.69
广 西					23	3.92	23	3.92				
海 南					2	0.05	2	0.05				
重 庆	4	7.00			19	5.85	12	3.30				
四 川					21	2.72	21	2.72	43	0.30	43	0.30
贵 州									2	0.12	2	0.12
云 南					31	4.86	31	4.86	102	5.01	102	5.01
西 藏					16	13.11	16	13.11				
陕 西	2	0.40			24	5.66	23	5.36				
甘 肃					15	1.45	15	1.45				
青 海					1	0.20	1	0.20	9	0.90	9	0.90
宁 夏					1	0.20						
新 疆					112	296.83	85	27.03	4	0.15	4	0.15
兵 团												

按内容分类全国录像制品出版品种、数量

单位：种、万盒（张）

	录像制品 合计 种数	录像制品 合计 数量	录像制品 其中：新版 种数	录像制品 其中：新版 数量	录像带（VT）合计 种数	录像带（VT）合计 数量	录像带（VT）其中：新版 种数	录像带（VT）其中：新版 数量
全国合计	3299	5320.34	2259	1481.18				
其中：少儿出版	186	1033.93	117	674.09				
教育	880	3479.05	262	375.22				
影视作品	666	143.14	628	127.77				
音乐舞蹈	391	208.20	308	106.41				
社会科学	556	249.45	516	192.55				
语言	57	55.48	27	2.86				
体育	27	7.40	6	1.82				
文学	16	26.55	12	0.54				
医药卫生	61	34.25	54	29.49				
农业科学	138	152.37	36	13.82				
综合	16	2.10	15	1.90				
其他	491	962.35	395	628.80				

续表1

	数码激光视盘（VCD）合计 种数	数量	其中：新版 种数	数量	高密度激光视盘（DVD-V）合计 种数	数量	其中：新版 种数	数量	其他载体 合计 种数	数量	其中：新版 种数	数量
全国合计	242	670.75	28	80.31	2679	4623.87	1878	1377.71	378	25.71	353	23.16
其中：少儿出版	1	0.06	1	0.06	168	1033.50	99	673.66	17	0.37	17	0.37
教育	119	491.82	20	80.08	667	2984.47	166	292.97	94	2.76	76	2.17
影视作品	3	0.29			644	140.56	610	125.78	19	2.29	18	1.99
音乐舞蹈	29	50.90			346	155.75	293	105.47	16	1.54	15	0.94
社会科学	14	11.68	4	0.09	345	223.06	315	177.74	197	14.71	197	14.71
语言	5	1.90	1	0.05	52	53.58	26	2.81				
体育	2	0.20			25	7.20	6	1.82				
文学					16	26.55	12	0.54				
医药卫生					36	33.50	29	28.74	25	0.75	25	0.75
农业科学	60	107.91			77	44.16	35	13.52	1	0.30	1	0.30
综合					14	1.90	13	1.70	2	0.20	2	0.20
其他	10	6.06	3	0.09	457	953.14	373	626.61	24	3.16	19	2.10

按内容分类全国各地区录像制品出版品种、数量
（VCD）

单位：种、万盒（张）

	VCD合计		教育		语言		文学		体育		影视作品	
	种数	数量	种数	数量	种数	数量	种数	数量	种数	数量	种数	数量
全国总计	242	670.75	119	491.82	5	1.90			2	0.2	3	0.29
中　央	88	270.79	57	245.96	3	1.70			2	0.2		
地　方	154	399.97	62	245.86	2	0.20					3	0.29
北　京												
天　津												
河　北												
山　西												
内　蒙古												
辽　宁												
吉　林												
黑龙江	1	0.03										
上　海	23	16.16	16	15.45	1	0.15					3	0.29
江　苏												
浙　江	1	0.05			1	0.05						
安　徽												
福　建												
江　西	115	374.22	35	224.40								
山　东												
河　南												
湖　北												
湖　南	6	1.20	6	1.20								
广　东	2	0.91	2	0.91								
广　西												
海　南												
重　庆	4	7.00	1	3.50								
四　川												
贵　州												
云　南												
西　藏												
陕　西	2	0.40	2	0.40								
甘　肃												
青　海												
宁　夏												
新　疆												
兵　团												

按内容分类全国各地区录像制品出版品种、数量（续表）
（VCD）

单位：种、万盒（张）

	音乐舞蹈		社会科学		医药卫生		农业科学		综合		其他	
	种数	数量	种数	数量	种数	数量	种数	数量	种数	数量	种数	数量
全国总计	29	50.90	14	11.68			60	107.91			10	6.06
中　央	1	1.47	14	11.68			6	8.73			5	1.05
地　方	28	49.44					54	99.18			5	5.01
北　京												
天　津												
河　北												
山　西												
内　蒙古												
辽　宁												
吉　林												
黑龙江											1	0.03
上　海	2	0.21									1	0.06
江　苏												
浙　江												
安　徽												
福　建												
江　西	23	45.73					54	99.18			3	4.92
山　东												
河　南												
湖　北												
湖　南												
广　东												
广　西												
海　南												
重　庆	3	3.50										
四　川												
贵　州												
云　南												
西　藏												
陕　西												
甘　肃												
青　海												
宁　夏												
新　疆												
兵　团												

按内容分类全国各地区录像制品出版品种、数量（DVD-V）

单位：种、万盒（张）

	DVD-V合计 种数	DVD-V合计 数量	教育 种数	教育 数量	语言 种数	语言 数量	文学 种数	文学 数量	体育 种数	体育 数量	影视作品 种数	影视作品 数量
全国总计	2679	4623.87	667	2984.47	52	53.58	16	26.55	25	7.20	644	140.56
中央	1216	2646.99	437	2446.88	7	0.85			17	4.96	265	46.42
地方	1463	1976.88	230	537.59	45	52.73	16	26.55	8	2.24	379	94.14
北京	47	5.86	1	0.01					2	0.35	26	1.82
天津	1	0.05										
河北	5	0.79									5	0.79
山西	30	5.90									2	0.20
内蒙古	10	2.93									2	0.18
辽宁	35	5.79	4	1.10	1	0.30						
吉林	170	11.11	29	7.00	9	0.09	5	0.25			17	1.58
黑龙江												
上海	232	1122.03	28	132.95	21	35.71	2	8.60	2	0.32	24	1.51
江苏	46	2.91	1	0.10							19	0.46
浙江	46	141.43	4	1.38							25	33.07
安徽	19	1.17			4	0.20					2	0.11
福建	28	11.55	2	0.18	1	0.60					3	1.00
江西	58	140.72	13	11.07	1	15.01	2	17.41			2	1.05
山东	46	11.28	18	5.36							7	2.21
河南	16	6.06							1	0.10		
湖北	21	6.24	2	5.00	6	0.60					1	0.01
湖南	102	102.25	58	68.65							30	28.34
广东	286	63.99	35	43.50							185	13.32
广西	23	3.92	11	1.10							1	0.10
海南	2	0.05										
重庆	19	5.85	1	0.45							1	0.20
四川	21	2.72	5	1.00					2	0.15	9	1.03
贵州												
云南	31	4.86			1	0.02					2	0.02
西藏	16	13.11			1	0.20					2	0.35
陕西	24	5.66	2	1.50			3	0.17			6	1.24
甘肃	15	1.45									1	0.10
青海	1	0.20										
宁夏	1	0.20										
新疆	112	296.83	16	257.24			4	0.12	1	1.32	7	5.47
兵团												

按内容分类全国各地区录像制品出版品种、数量（续表）（DVD－V）

单位：种、万盒（张）

	音乐舞蹈 种数	音乐舞蹈 数量	社会科学 种数	社会科学 数量	医药卫生 种数	医药卫生 数量	农业科学 种数	农业科学 数量	综合 种数	综合 数量	其他 种数	其他 数量
全国总计	346	155.75	345	223.06	36	33.50	77	44.16	14	1.90	457	953.14
中　央	77	37.52	201	76.35	13	2.51	30	12.68	6	0.35	163	18.49
地　方	269	118.24	144	146.71	23	30.99	47	31.49	8	1.55	294	934.65
北　京	2	1.65					1	0.01			15	2.02
天　津	1	0.05										
河　北												
山　西	27	5.60	1	0.10								
内蒙古	6	2.30	1	0.40							1	0.05
辽　宁	2	3.10	10	0.20	5	0.09					13	1.00
吉　林	18	0.47	82	1.22					7	0.35	3	0.15
黑龙江												
上　海	36	63.84	1	0.12	5	27.02					113	851.97
江　苏	16	1.25	3	0.30	1	0.02					6	0.78
浙　江	4	0.45	2	104.12			1	0.40			10	2.00
安　徽	2	0.19									11	0.66
福　建	9	2.96	3	4.21	2	0.20					8	2.40
江　西	4	2.62	5	26.65	1	2.70	24	21.56			6	42.66
山　东	18	2.06	1	0.05	1	0.40			1	1.20		
河　南	11	3.71	1	2.00	1	0.10					2	0.15
湖　北	4	0.23	3	0.16	2	0.05	1	0.01			2	0.18
湖　南	8	4.71			3	0.28					3	0.27
广　东	55	5.97	1	0.20							10	1.00
广　西	1	0.05	2	0.20							8	2.47
海　南							1	0.02			1	0.03
重　庆	6	2.10									11	3.10
四　川	4	0.34									1	0.20
贵　州												
云　南	15	2.51	8	0.31			3	1.50			2	0.50
西　藏	4	1.70	5	2.50							4	8.36
陕　西	5	0.36	6	2.20	1	0.10					1	0.10
甘　肃	3	0.30	8	0.45							3	0.60
青　海											1	0.20
宁　夏	1	0.20										
新　疆	7	9.52	1	1.32	1	0.04	16	8.00			59	13.81
兵　团												

按内容分类全国各地区录像制品出版品种、数量
（其他载体）

单位：种、万盒（张）

	其他载体合计 种数	其他载体合计 数量	教育 种数	教育 数量	语言 种数	语言 数量	文学 种数	文学 数量	体育 种数	体育 数量	影视作品 种数	影视作品 数量
全国总计	378	25.71	94	2.76							19	2.29
中　央	148	13.17	23	1.39							16	2.26
地　方	230	12.55	71	1.37							3	0.03
北　京												
天　津												
河　北												
山　西												
内蒙古												
辽　宁												
吉　林												
黑龙江	2	0.05										
上　海	8	0.53	6	0.30								
江　苏	1	0.40										
浙　江												
安　徽	3	0.08									1	0.01
福　建	1	1.00										
江　西												
山　东	4	0.13	1	0.03								
河　南	23	0.69	23	0.69								
湖　北	3	0.30										
湖　南	3	0.21	2	0.21								
广　东	22	2.69									2	0.02
广　西												
海　南												
重　庆												
四　川	43	0.30	39	0.15								
贵　州	2	0.12										
云　南	102	5.01										
西　藏												
陕　西												
甘　肃												
青　海	9	0.90										
宁　夏												
新　疆	4	0.15										
兵　团												

按内容分类全国各地区录像制品出版品种、数量（续表）
（其他载体）

单位：种、万盒（张）

	音乐舞蹈 种数	音乐舞蹈 数量	社会科学 种数	社会科学 数量	医药卫生 种数	医药卫生 数量	农业科学 种数	农业科学 数量	综合 种数	综合 数量	其他 种数	其他 数量
全国总计	16	1.54	197	14.71	25	0.75	1	0.30	2	0.20	24	3.16
中 央	4	0.80	71	6.01	24	0.70	1	0.30			9	1.71
地 方	12	0.74	126	8.70	1	0.05			2	0.20	15	1.45
北 京												
天 津												
河 北												
山 西												
内 蒙 古												
辽 宁												
吉 林												
黑 龙 江			2	0.05								
上 海	2	0.23										
江 苏											1	0.40
浙 江												
安 徽	2	0.07										
福 建			1	1.00								
江 西												
山 东	2	0.05			1	0.05						
河 南												
湖 北	1	0.10							2	0.20		
湖 南											1	0.002
广 东	1	0.01	19	2.66								
广 西												
海 南												
重 庆												
四 川	3	0.14	1	0.01								
贵 州			2	0.12								
云 南	1	0.15	101	4.86								
西 藏												
陕 西												
甘 肃												
青 海											9	0.90
宁 夏												
新 疆											4	0.15
兵 团												

按载体形式分类全国各地区电子出版物出版品种、数量及发行数量

单位：种、万盒（张）

	电子出版物 合计 种数	电子出版物 合计 数量	其中：新版 种数	其中：新版 数量	发行数量	只读光盘（CD-ROM）合计 种数	只读光盘 合计 数量	其中：新版 种数	其中：新版 数量
全国总计	7825	25270.74	3612	5559.12	21243.05	5201	22107.72	2306	4054.89
中　央	3818	19223.40	1015	3875.80	15312.32	2327	16886.13	411	2682.35
地　方	4007	6047.33	2597	1683.32	5930.73	2874	5221.59	1895	1372.53
北　京	40	82.36	20	9.17	82.18	16	37.35	10	0.45
天　津	14	4.90	13	3.90	4.90	8	2.40	8	2.40
河　北	129	157.30	27	19.63	155.38	113	149.23	18	15.05
山　西	46	2.49	46	2.49	2.49	44	2.45	44	2.45
内蒙古	100	52.40	69	22.85	52.22	81	32.94	57	11.42
辽　宁	181	125.69	98	23.28	125.63	167	124.26	88	22.50
吉　林	28	1.69	27	1.67	1.45	10	1.15	10	1.15
黑龙江	22	73.18	22	73.18	73.18	13	72.28	13	72.28
上　海	448	1031.84	81	137.17	920.67	327	951.87	43	132.67
江　苏	404	2091.87	56	244.34	2088.53	244	1978.45	26	209.40
浙　江	296	705.79	201	492.33	705.79	172	436.00	122	401.58
安　徽	16	2.43	16	2.43	2.37	6	0.20	6	0.20
福　建	20	6.38	12	2.88	6.38	13	4.09	5	0.59
江　西	40	6.77	35	6.29	6.77	13	5.30	13	5.30
山　东	419	90.17	374	53.20	77.05	334	46.71	329	44.43
河　南	208	56.55	208	56.55	56.54	47	39.27	47	39.27
湖　北	113	11.34	108	10.93	10.96	98	8.56	95	8.25
湖　南	82	161.65	17	23.90	162.50	51	108.29	8	23.14
广　东	358	1195.48	238	429.37	1193.54	200	1089.26	99	327.78
广　西	9	0.86	5	0.26	0.86	5	0.65	1	0.05
海　南	1	0.05	1	0.05	0.05	1	0.05	1	0.05
重　庆	108	47.71	48	12.17	46.91	19	6.84	4	0.31
四　川	707	107.47	669	40.88	123.80	704	107.23	667	40.74
贵　州	7	2.50	7	2.50	2.50				
云　南	42	11.83	34	4.35	11.76	37	9.86	31	4.28
西　藏	30	3.00	30	3.00	3.00	30	3.00	30	3.00
陕　西	139	13.65	135	4.55	13.33	121	3.90	120	3.80
甘　肃									
青　海									
宁　夏									
新　疆									
兵　团									

按载体形式分类全国各地区电子出版物出版品种、数量及发行数量（续表）

单位：种、万盒（张）

	高密度只读光盘（DVD-ROM）合计 种数	数量	其中：新版 种数	数量	交互式光盘（CD-I）合计 种数	数量	其中：新版 种数	数量	其他载体 合计 种数	数量	其中：新版 种数	数量
全国总计	1962	2873.70	726	1407.60					662	289.32	580	96.63
中　央	1147	2070.55	327	1116.78					344	266.73	277	76.67
地　方	815	803.15	399	290.82					318	22.60	303	19.96
北　京	23	44.91	9	8.62					1	0.10	1	0.10
天　津	6	2.50	5	1.50								
河　北	16	8.06	9	4.58								
山　西									2	0.04	2	0.04
内蒙古	19	19.46	12	11.43								
辽　宁	12	1.41	8	0.76					2	0.02	2	0.02
吉　林	12	0.33	12	0.33					6	0.21	5	0.19
黑龙江									9	0.90	9	0.90
上　海	90	77.34	12	2.49					31	2.63	26	2.02
江　苏	154	113.39	24	34.91					6	0.03	6	0.03
浙　江	75	266.79	30	87.75					49	3.00	49	3.00
安　徽	8	2.10	8	2.10					2	0.14	2	0.14
福　建	6	2.19	6	2.19					1	0.10	1	0.10
江　西	17	1.00	12	0.52					10	0.47	10	0.47
山　东	76	42.89	36	8.21					9	0.56	9	0.56
河　南	93	13.79	93	13.79					68	3.49	68	3.49
湖　北	7	2.45	5	2.35					8	0.33	8	0.33
湖　南	17	50.79	2	0.03					14	2.57	7	0.73
广　东	80	100.94	63	96.48					78	5.28	76	5.11
广　西	4	0.21	4	0.21								
海　南												
重　庆	85	40.82	40	11.82					4	0.05	4	0.05
四　川	2	0.20	1	0.10					1	0.04	1	0.04
贵　州									7	2.50	7	2.50
云　南	3	1.95	1	0.05					2	0.02	2	0.02
西　藏												
陕　西	10	9.62	7	0.62					8	0.13	8	0.13
甘　肃												
青　海												
宁　夏												
新　疆												
兵　团												

五、出版物印刷

全国出版物印刷生产情况

地区	企业家数	印刷产量 黑白	印刷产量 彩色	装订产量	用纸量
计量单位	家	万令	万对开色令	万令	万令
全国	9271	20959.62	110036.59	29639.70	43237.61
北京	881	1536.31	11923.26	2482.55	3119.28
天津	222	263.29	2267.75	369.49	788.43
河北	736	1829.56	2693.23	3304.86	2336.88
山西	148	186.58	1377.20	290.04	558.57
内蒙古	189	130.10	814.18	153.85	322.14
辽宁	190	384.80	2105.91	478.68	710.42
吉林	211	530.50	1555.00	364.71	1056.31
黑龙江	160	155.56	979.57	224.40	329.64
上海	183	368.40	9199.18	439.50	2449.96
江苏	447	1356.72	7182.17	1889.99	3625.72
浙江	705	1974.02	11933.98	2422.28	4279.74
安徽	365	586.80	4043.76	984.74	1387.99
福建	296	561.96	1323.41	546.84	751.02
江西	144	739.86	1342.89	849.53	1029.60
山东	615	2713.81	7426.67	2951.09	4236.25
河南	464	862.23	4363.77	1245.49	1472.11
湖北	370	1166.92	3494.95	1593.79	2013.14
湖南	417	792.15	4904.29	1284.73	1626.95
广东	809	2190.31	17054.78	4502.88	6311.53
广西	258	372.03	2935.14	506.73	815.34
海南	40	44.89	567.63	31.50	124.43
重庆	97	218.20	1265.89	258.01	411.46
四川	303	988.54	2936.49	1176.94	1505.73
贵州	152	87.57	1206.00	133.07	263.18
云南	189	204.61	1662.56	268.48	430.81
西藏	26	37.03	144.03	44.48	55.23
陕西	258	363.56	1598.31	435.02	652.94
甘肃	108	148.48	475.01	166.18	217.40
青海	55	33.98	119.55	37.69	53.80
宁夏	106	41.89	99.98	42.52	59.14
新疆	120	82.97	969.02	152.36	225.87
兵团	7	5.99	71.03	7.28	16.60

全国出版物印刷企业财务情况

单位：家、万元、人

地区	单位数	资产年末合计	负债年末合计	所有者权益年末合计	主营业务收入	营业利润	利润总额	年末平均人数
全国总计	9271	24802640.12	12240387.09	12542019.35	14886982.70	670501.41	805129.18	372762
北 京	881	2671258.91	1187341.68	1496767.61	1361578.87	58512.03	67909.14	25701
天 津	222	436963.49	270846.42	166117.07	246781.33	-6552.06	-5818.40	5883
河 北	736	1147379.25	584883.62	562495.61	695612.60	72358.23	75223.19	26948
山 西	148	318337.95	205071.27	113266.68	147120.69	2771.23	4617.96	6362
内 蒙 古	189	142617.37	77943.93	64673.45	64593.51	2703.77	3162.18	2793
辽 宁	190	350981.73	172208.67	166535.33	181083.67	5634.77	9825.76	5270
吉 林	211	305777.29	158471.10	147306.19	181244.03	10621.30	11726.88	5716
黑 龙 江	160	206924.99	90677.38	116247.61	92349.54	-1169.75	-314.41	3807
上 海	183	1512875.57	723854.67	789020.90	1055847.80	-8456.55	5791.55	14523
江 苏	447	1749392.73	903451.26	845941.46	1189925.72	76270.82	83345.96	27021
浙 江	705	2061464.49	1154363.02	906013.97	1130009.50	23866.57	33943.99	27437
安 徽	365	888951.16	374358.13	514392.03	555829.47	38158.02	56443.21	12486
福 建	296	862651.12	345237.95	516890.41	428582.97	22806.04	28559.37	12076
江 西	144	496227.17	256608.36	239618.82	273177.54	7091.41	8638.27	6380
山 东	615	2360020.36	1162622.56	1197397.81	1567697.40	125775.05	137452.42	36113
河 南	464	781426.55	349285.66	432140.89	498927.77	17058.00	17687.03	14734
湖 北	370	729641.00	392369.90	337271.10	436221.74	7371.34	10654.29	14399
湖 南	417	1048934.73	414673.85	632771.96	769543.30	69951.86	78522.23	16511
广 东	809	3810986.23	1960049.89	1848887.63	2449054.03	86627.93	99579.95	61119
广 西	258	546525.61	250261.47	284315.22	314009.69	32999.12	34695.88	6290
海 南	40	133016.50	44935.46	88081.04	58201.83	2486.31	2612.80	1448
重 庆	97	260571.90	130924.22	129417.68	151914.73	4963.41	6968.83	3800
四 川	303	416648.91	185996.52	230652.39	254702.15	8811.32	13040.09	8526
贵 州	152	245548.69	142958.09	100615.15	87388.92	4582.06	5878.53	3390
云 南	189	355114.66	135667.50	219447.16	185450.92	8133.16	9109.05	5498
西 藏	26	70753.18	37382.25	33370.93	34163.79	1208.02	2057.59	766
陕 西	258	417609.64	244773.76	172835.88	221225.88	-20.36	1354.73	7785
甘 肃	108	147515.23	111435.62	36079.61	81626.25	-2297.68	-1627.09	3672
青 海	55	51487.35	29985.05	21345.30	28129.04	-483.79	158.02	1370
宁 夏	106	40738.91	22500.08	17052.76	26956.92	-293.15	353.29	1069
新 疆	120	203418.59	102929.27	100489.32	107363.17	-338.77	3668.94	3421
兵 团	7	30878.86	16318.48	14560.38	10667.93	-648.25	-92.05	448

六、出版物发行

全国新华书店系统、出版社自办发行单位出版物发行进、销、存情况

单位：万册（张、份、盒）、万元

	购进		销售		库存	
	数量	金额	数量	金额	数量	金额
全国总计	**2306389**	**37047468**	**2299042**	**36589123**	**681044**	**15185913**
中　央	**262090**	**8055571**	**267451**	**8029031**	**146008**	**5526572**
地　方	**2044299**	**28991897**	**2031591**	**28560091**	**535036**	**9659341**
北　京	23440	644160	24384	670636	13338	496530
天　津	14435	310843	14372	303027	6284	153581
河　北	92480	1244811	91629	1242237	42909	183033
山　西	38894	506338	39409	505361	14618	189362
内蒙古	25409	280801	25559	277250	2574	69814
辽　宁	30767	509581	30937	505002	10651	251775
吉　林	22982	453720	22928	457086	6308	154673
黑龙江	16761	326031	17891	326031	2945	86458
上　海	46047	1317766	44258	1232634	29546	1015218
江　苏	211917	2807772	195691	2615816	110403	1433002
浙　江	138439	2462736	147455	2511778	35836	1023139
安　徽	117803	1483216	118701	1474462	19674	346230
福　建	50375	654585	50060	648787	12174	187906
江　西	96826	1499883	99431	1530140	10301	207659
山　东	161576	2244320	160832	2171684	20608	609588
河　南	181369	1542068	180831	1538863	17535	242683
湖　北	61145	920853	59728	856704	8289	258343
湖　南	126260	1903446	124215	1875226	62442	724255
广　东	115039	1485562	115634	1524878	29039	444210
广　西	89387	946596	87396	934912	8480	170265
海　南	15444	204339	15670	212745	1614	22456
重　庆	42868	535818	41943	515798	8070	156781
四　川	79985	1477162	80971	1411776	20158	594918
贵　州	44218	481418	43712	479384	5256	63687
云　南	40872	599719	39610	583501	6688	125135
西　藏	4579	49386	4446	47584	2377	24748
陕　西	70098	894120	69730	889494	15793	223757
甘　肃	30721	359727	30622	355324	4096	45263
青　海	2666	36330	2602	35602	996	13238
宁　夏	7871	111636	7906	112251	697	19434
新　疆	43627	697154	43036	714119	5336	122200

全国新华书店系统、出版社自办发行单位出版物纯销售情况

单位：万元

	总计	零售 合计	零售 市、县	零售 县以下	批给县以下单位或个人	出口
全国总计	11256565	11195226	9779457	1415769	37896	23443
中　央	687620	662320	661565	755	5362	19939
地　方	10568945	10532906	9117892	1415015	32535	3504
北　京	73554	73335	53507	19828		219
天　津	47898	47877	46374	1503		21
河　北	501207	500859	470257	30603	348	
山　西	471998	467146	424210	42936	4852	
内　蒙古	124760	124677	113337	11340	83	
辽　宁	132428	132428	132393	35		
吉　林	91888	90103	67137	22966	1785	
黑龙江	134294	134294	106965	27330		
上　海	251168	248289	248289			2879
江　苏	755369	744632	512590	232042	10657	80
浙　江	1061848	1061424	1027052	34372	290	134
安　徽	534226	534152	443227	90925		74
福　建	254268	254262	204506	49756		6
江　西	531943	531859	355649	176210		84
山　东	844414	844414	844414			
河　南	617854	615933	427969	187964	1921	
湖　北	202737	202735	193798	8937		2
湖　南	677772	677574	593320	84253	198	
广　东	395350	392428	366646	25782	2916	5
广　西	351410	351410	273693	77717		
海　南	63510	63510	63510			
重　庆	183392	183392	163522	19870		
四　川	858422	858422	858194	228		
贵　州	237437	237278	169595	67683	159	
云　南	395851	395851	281212	114639		
西　藏	25643	25643	25632	11		
陕　西	302832	293633	271830	21803	9199	
甘　肃	144472	144377	84946	59431	95	
青　海	31334	31334	25427	5907		
宁　夏	41072	41072	40749	323		
新　疆	228592	228560	227940	620	32	

全国新华书店系统、出版社自办发行单位出版物销售分类情况

单位：万册（张、份、盒）、万元、%

	2019 年 数量	2019 年 金额	2020 年 数量	2020 年 金额	增减 数量	增减 金额	2019 年各类所占百分比 数量	2019 年各类所占百分比 金额	2020 年各类所占百分比 数量	2020 年各类所占百分比 金额
销售总计	2331486	35655010	2299042	36589123	-1	3				
零售合计	826522	10499438	833721	11195226	1	7	100.00	100.00	100.00	100.00
图书	814155	10079724	819378	10750811	1	7	98.50	96.00	98.28	96.03
哲学、社会科学	29745	727532	25028	808744	-16	11	3.60	6.93	3.00	7.22
文化、教育	732743	8040225	753693	8715563	3	8	88.65	76.58	90.40	77.85
其中：中小学课本及教参	330186	2863039	350474	3030774	6	6	39.95	27.27	42.04	27.07
教辅读物	339780	3938009	354535	4421181	4	12	41.11	37.51	42.52	39.49
文学、艺术	26748	681178	23279	703245	-13	3	3.24	6.49	2.79	6.28
自然科学、技术	15479	415636	12988	419313	-16	1	1.87	3.96	1.56	3.75
综合	9441	215152	4391	103945	-53	-52	1.14	2.05	0.53	0.93
少年儿童读物	22335	522697	19810	522984	-11	0	2.70	4.98	2.38	4.67
大中专教材、业余教育及教参	13681	304214	12359	307187	-10	1	1.66	2.90	1.48	2.74
期刊	5480	151293	6031	153620	10	2	0.66	1.44	0.72	1.37
报纸	755	11897	565	9530	-25	-20	0.09	0.11	0.07	0.09
音像制品	5737	65518	7309	66802	27	2	0.69	0.62	0.88	0.60
电子出版物	395	7562	438	6976	11	-8	0.05	0.07	0.05	0.06
数字出版物		183444		207488		13		1.75		1.85
非出版物商品		2095904		1824898		-13				

全国出版物发行网点数量和人数

单位：处、人

	发行网点							新华书店系统出版社自办发行从业人数	
	合计	新华书店及其发行网点	供销社	出版社	邮政系统	新华书店系统外批发网点	集个体零售	全部职工	其中：新华书店及发行网点
全国总计	**183540**	**10610**	**9**	**400**	**35859**	**15575**	**121087**	**120085**	**112618**
中　　央	**69**			**69**				**763**	
地　　方	**183471**	**10610**	**9**	**331**	**35859**	**15575**	**121087**	**119322**	**112618**
北　　京	13368	113		18	2179	2955	8103	3390	2878
天　　津	2231	39		12	518	295	1367	1414	1239
河　　北	7014	531		9	58	354	6062	7400	6507
山　　西	4591	491		7	1184	271	2638	4332	3688
内 蒙 古	3189	223		7		892	2067	3339	3273
辽　　宁	5128	133		15	352	296	4332	1847	1737
吉　　林	1298	98		14		177	1009	2333	2149
黑 龙 江	2521	134		6	250	213	1918	2516	2482
上　　海	3712	70		73	536	1425	1608	1967	1379
江　　苏	17095	895		19	1095	483	14603	5391	5251
浙　　江	15983	777		10	2201	435	12560	5522	5409
安　　徽	8236	780		12	1936	927	4581	6109	5914
福　　建	3741	135	9	18	240	238	3101	3159	3051
江　　西	6167	327		7	3002	326	2505	2321	2200
山　　东	7296	631		3	215	454	5993	7873	7857
河　　南	15562	1620		12	6104	690	7136	13665	12204
湖　　北	5088	96		14	68	534	4376	3575	3245
湖　　南	10924	1192		13	4293	775	4651	7855	7646
广　　东	11274	370		1		1255	9648	6059	6058
广　　西	4272	239		8	588	260	3177	3780	3700
海　　南	1346	65		5	307	230	739	1048	1033
重　　庆	4840	159		11	1785	221	2664	1871	1720
四　　川	7401	250			1855	384	4912	7633	7633
贵　　州	3443	124		6	600	159	2554	618	593
云　　南	3865	405			1842	145	1473	3963	3963
西　　藏	233	47		1	1	27	157	246	236
陕　　西	4364	192		23	1068	365	2716	4240	3891
甘　　肃	4180	217			1655	280	2028	2162	2162
青　　海	837	60			189	194	394	492	492
宁　　夏	841	33		3	194	110	501	345	342
新　　疆	3431	164		4	1544	205	1514	2857	2686

七、出版物进出口

全国图书、期刊、报纸进出口情况

		出口		进口	
		数量（万册、份）	金额（万美元）	数量（万册、份）	金额（万美元）
总计		**928.63**	**3262.80**	**3974.18**	**36216.29**
图书	合计	665.64	2803.55	3223.69	23137.80
	哲学、社会科学	109.39	620.38	146.28	2463.34
	文化、教育	230.62	513.06	731.84	5134.48
	文学、艺术	76.18	589.72	581.91	4491.70
	自然、科学技术	28.15	207.13	149.12	3317.21
	少儿读物	108.99	112.36	1000.68	3315.51
	综合性图书	112.31	760.90	613.86	4415.56
期刊		248.60	437.80	238.57	12245.32
报纸		14.39	21.45	511.92	833.17

注：以上数据为全国有出版物进口经营许可证的出版物进出口经营单位数据。

全国音像、电子出版物进出口情况

		出口		进口	
		数量（盒、张）	金额（万美元）	数量（盒、张）	金额（万美元）
总计		**6660**	**171.74**	**200690**	**43293.73**
录音	合计			196817	214.95
	录音带（AT）				
	激光唱片（CD）			196817	214.95
	数码激光唱盘（DVD-A）				
录像	合计	**6652**	**14.12**	**3873**	**7.00**
	录像带（VT）				
	数码激光视盘（DVD-V）	6619	14.10	3873	7.00
	数码激光视盘（VCD）	33	0.02		
电子出版物		8	16.24		
数字出版物			141.38		43071.78

注：以上数据为全国有出版物进口经营许可证的出版物进出口经营单位数据。

八、版权管理及贸易

全国版权合同登记情况统计

单位：份

	合计	图书	期刊	音像制品	电子出版物	软件	电影	电视节目	其他
全国总计	17811	15300	36	1001	169	965		1	339
中国版权保护中心	1065			967		98			
北京	7792	7725	36		30	1			
天津	438	427				11			
河北	253	253							
山西	14	14							
内蒙古									
辽宁	254	251				3			
吉林	107	107							
黑龙江	225	225							
上海	1376	1257		34	85				
江苏	1451	586			26	839			
浙江	511	511							
安徽	35	35							
福建	81	77				4			
江西	328	328							
山东	392	392							
河南	221	221							
湖北	265	262			3				
湖南	249	248							1
广东	539	179			25				335
广西	281	280						1	
海南	156	151			5				
重庆	240	239				1			
四川	843	840				3			
贵州	120	120							
云南	234	234							
西藏	5	5							
陕西	209	206							3
甘肃	115	115							
青海									
宁夏	4	4							
新疆	8	8							

全国作品自愿登记情况统计

单位：份

	合计	文字	口述	音乐	曲艺	舞蹈	杂技	美术	摄影	建筑	影视	设计图	地图	模型	其他
全国总计	3362591	219440	2014	16478	374	185	45	1318146	1526428	381	197659	10435	2668	359	67979
中国版权保护中心	337093	21272	4	3181	12	22		280029	16478	7	7517	840		9	7722
北京	1004676	12700		3889		4		8075	976333		1296	506	907	3	963
天津	213415	951		61	6	1		41543	156129	1	14342	370	1	1	9
河北	25967	4373	5	255	158	13		14767	4424	12	217	897	3	36	807
山西	1496	68		3	9			1300			85	7			24
内蒙古	3560	708		442	13	39		1573	491	1	91	19		7	176
辽宁	12072	1003		280		4		7194	54			9	1		3527
吉林	11118	148		36				10511	54		131	2			236
黑龙江	2057	489	1	64				456	1002		34	11			
上海	318906	27013		1717	1	7		183460	49483		16010	97	44	9	41065
江苏	281984	55725	1550	609	10	18	2	186545	21097	3	13569	1037	912	3	904
浙江	32590	942		192				27809	2537		247	35			828
安徽	84758	4694		116	27	14		16890	61296	8	640	402	1	55	615
福建	163786	3576		150	5	2	5	138092	11343	11	8865	242	105	37	1353
江西	23266	9453		75	1	6		11563	1942		143	8	1	4	70
山东	201181	12201	211	595	21	7		41411	143500	1	1752	426	9	22	1025
河南	1513	477		16				733	159		89	3	16		20
湖北	50474	5932		94	5		33	42795	576		1006	13	20		
湖南	8102	667		48				4443	1350		1168	76	6	3	341
广东	64195	1579	4	977	15	17		40730	12206		2645	1425	519		4078
广西	1755	319		62				794	39		115	410			16
海南	192	37		9		2		106			3	26			9
重庆	171204	2830	6	323	1	1	1	50433	1503	13	114723	559	31	48	732
四川	163081	42330	6	2015	10	17	2	62490	52460	319	3253	114	47		18
贵州	136138	1982	9	490		7	1	126369	1957	2	1796	2768	39	118	600
云南	11129	1970		167				3951	2683			3		2	2353
西藏	18	1						3			14				
陕西	20128	1433		55		1		8613	1782		7760		5		479
甘肃	15271	4278	218	375	80	3	1	4603	5550	3	146	7		2	5
青海	53	6		29				17							1
宁夏	460	44		11				302			2	101			
新疆	953	239		142				546				22	1		3

引进出版物版权汇总表

原版权所在国家或地区名称	合计	图书	录音制品	录像制品	电子出版物
引进出版物版权总数（项）	14185	13919	79	154	33
美国	3601	3588	8	5	
英国	3291	3254		13	24
德国	935	923	2	10	
法国	865	847		18	
俄罗斯	116	115		1	
加拿大	115	111		4	
新加坡	279	277	1	1	
日本	2111	2039	15	49	8
韩国	446	446			
香港地区	267	230	35	2	
澳门地区	8	8			
台湾地区	513	495		18	
其他	1638	1586		51	1

输出出版物版权汇总表

版权购买者所在国家或地区名称	合计	图书	录音制品	录像制品	电子出版物
输出出版物版权总数（项）	13895	12915	230	14	736
美国	884	711			173
英国	509	492			17
德国	420	351			69
法国	126	120			6
俄罗斯	894	882			12
加拿大	192	191			1
新加坡	838	809			29
日本	400	387			13
韩国	568	539	6		23
香港地区	714	504	190	4	16
澳门地区	80	80			
台湾地区	1070	990	10	10	60
其他	7200	6859	24		317

全国版权执法情况

案件查处情况				收缴盗版品情况			
项　目	上年度数量	本年度数量	同比增减（%）	项　目	上年度数量	本年度数量	同比增减（%）
行政处罚数量（起）	2539	2198	－0.13	合　计	7303778	5823250	－0.20
案件移送数量（件）	186	251	0.35	书刊（册）	5740610	4485627	－0.22
检查经营单位数量（家）	384641	243267	－0.37	软件（张）	221700	168872	－0.24
取缔违法经营单位数量（家）	1224	1178	－0.04	音像制品（盒、张）	693861	514160	－0.26
查获地下窝点数量（个）	152	169	0.11	电子出版物（张）	149265	127194	－0.15
其中：地下光盘生产线（条）	1	1	0.00	其他（件）	498342	527397	0.06
违法经营网站服务器（个）	330	1144	2.47	未分类项			
罚款金额（人民币元）	23995277	35946385	0.50				

九、出版机构、人员

各地区图书、音像、出版物印刷、物资机构数及职工人数

单位：家、人

	图书出版单位		出版物印刷单位	印刷物资公司		音像出版单位	
	机构数	职工人数	机构数	机构数	职工人数	机构数	职工人数
全国总计	586	65759	9271	16	1093	381	3716
中　　央	219	28852				151	772
地　　方	367	36907	9271	16	1093	230	2944
北　　京	20	1068	881			13	80
天　　津	12	920	222	1	17	8	24
河　　北	8	883	736			5	62
山　　西	8	644	148	2	106	3	88
内 蒙 古	7	554	189			1	47
辽　　宁	18	1531	190			18	91
吉　　林	15	1812	211			9	111
黑 龙 江	13	909	160	1	43	5	
上　　海	40	3783	183			25	323
江　　苏	19	2758	447	1	247	7	108
浙　　江	14	1468	705	1		7	97
安　　徽	11	1069	365			7	107
福　　建	11	745	296	1	31	5	199
江　　西	7	1305	144	1	51	5	120
山　　东	17	2045	615	1	253	13	125
河　　南	12	1461	464	1		6	319
湖　　北	14	2242	370	1	102	8	79
湖　　南	13	1446	417	1	160	12	98
广　　东	19	1676	809	1	51	19	284
广　　西	8	1321	258			5	59
海　　南	4	326	40			2	3
重　　庆	3	1019	97			6	34
四　　川	16	1446	303	1		10	182
贵　　州	6	399	152	2	32	1	3
云　　南	8	757	189			9	58
西　　藏	2	90	26			2	
陕　　西	17	1766	258			11	48
甘　　肃	9	280	108			3	49
青　　海	2	166	55			2	18
宁　　夏	3	166	106			1	8
新　　疆	10	830	119			2	120
兵　　团	1	22	8				

注：全国图书出版社586家，其中含副牌社24家。